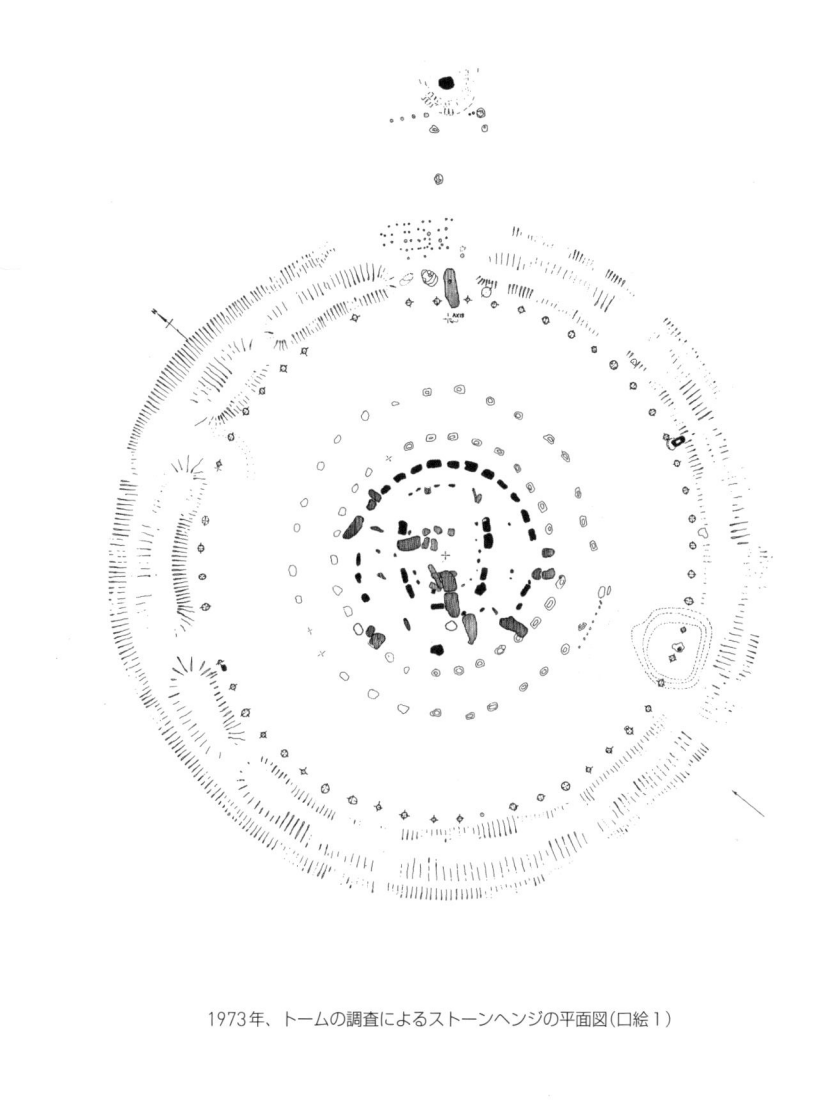

1973年、トームの調査によるストーンヘンジの平面図（口絵1）

STONEHENGE: Wooden Books series
by Robin Heath
Copyright © 2001 by Robin Heath

Japanese translation published by arrangement with
Bloomsbury Publishing Inc. through The English Agency (Japan) Ltd.
All rights reserved.

本書の日本語版翻訳権は、株式会社創元社がこれを保有する。
本書の一部あるいは全部についていかなる形においても
出版社の許可なくこれを使用・転載することを禁止する。

ストーンヘンジ
巨石文明の謎を解く

ロビン・ヒース 文

桃山 まや 訳

レベッカ、マシュー、そしてリーに捧げる

本書に掲載されている図版は、今ではあまり目にすることのない、数多くの古い本の中から選び出したものである。出典はそのつど示した。3頁の版画は、1655年のイニゴ・ジョーンズの著作の中から、24頁の版画は、1740年のウイリアム・スタックリーの著作の中から、そして、31頁の下の図版は、18世紀末に書かれたウォルプールの"Modern British Traveller"の中から転載したものである。54頁にあるアレクサンダー・トームの星座図は、イーハン・マッコールのご好意により掲載させていただいた。

1569年にルーカス・ドゥ・ヘルが描いたストーンヘンジ。ストーンヘンジを描いたものとしては古いもの。

もくじ

はじめに	*1*
闇を掘る	*4*
ストーンヘンジの周辺	*6*
来世への旅	*8*
ストーンヘンジの文化	*10*
金の埋葬品	*12*
天文学と幾何学	*14*
ストーンヘンジ I	*16*
オーブリー穴とステーション・ストーン	*18*
サーセン石とトリリトン	*20*
石に施された木工技術	*22*
石を建設する	*24*
モダンアート	*26*
浮かび上がった残像	*28*
太陽が現れた	*30*
ウッドヘンジ	*32*
カレンダー遊び	*34*
新しい視点	*36*
月期を表す三角形	*38*
食の予知	*40*
ストーンヘンジの完成	*43*
転がる石	*44*
ヘンジの中央部	*46*
神聖幾何学	*48*
サークルの調査	*50*
ストーンヘンジなんてちっぽけなもの	*52*
星の文化	*54*
創造的な刺激を与えるストーンヘンジ	*56*

| 18. キャッスル・リグ | 19. ロング・メグ | 20. スウィンサイド | 1. カラニッシュ | 2. ブロガー | 3. クラバ |

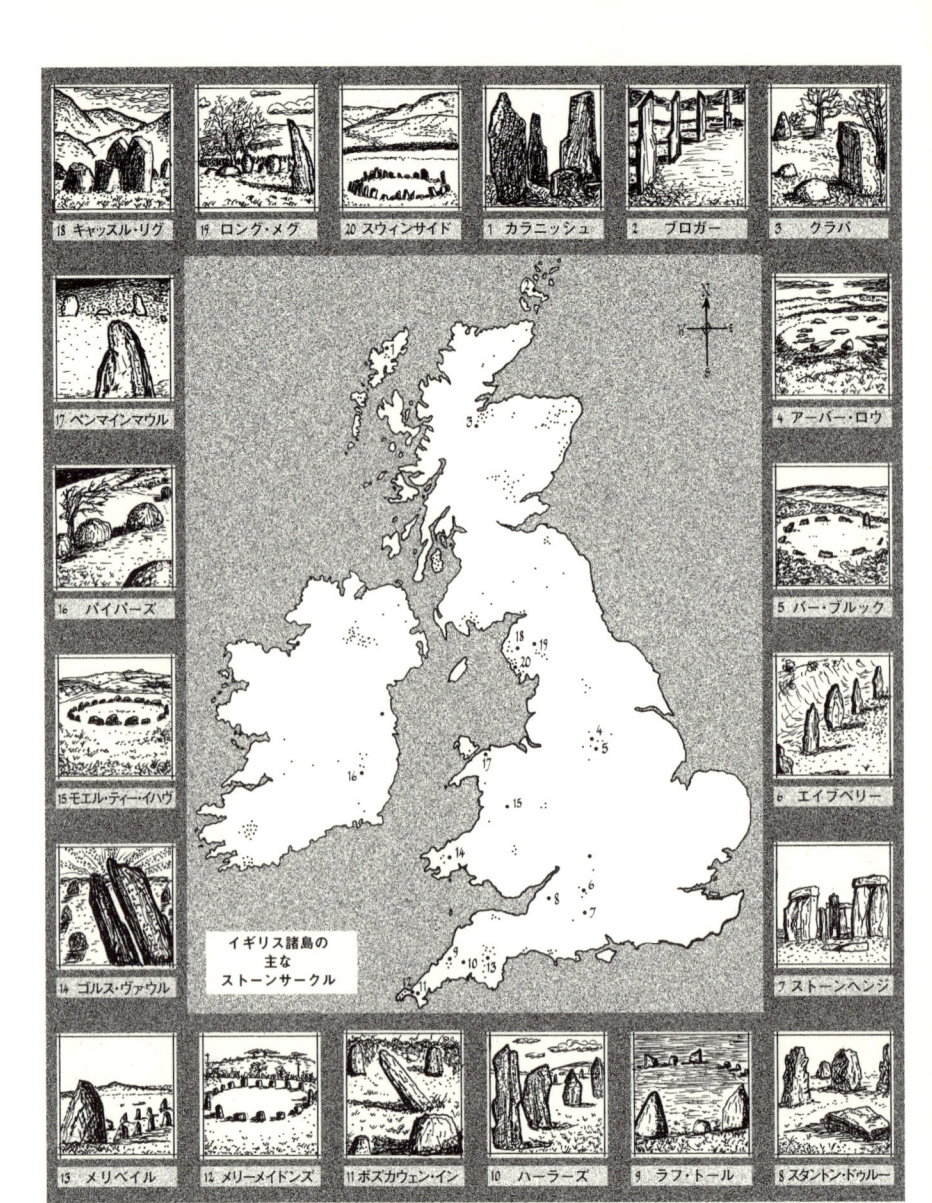

17. ペンマインマウル
16. バイパーズ
15. モエル・ティー・イハウ
14. ゴルス・ヴァウル

イギリス諸島の
主な
ストーンサークル

4. アーバー・ロウ
5. バー・ブルック
6. エイブベリー
7. ストーンヘンジ

| 13. メリベイル | 12. メリーメイドンズ | 11. ボズカウェン・イン | 10. ハーラーズ | 9. ラフ・トール | 8. スタントン・ドゥルー |

はじめに

　ストーンヘンジはイギリスを代表する神殿である。年間100万人近い人々が訪れるイギリス随一の観光名所であり、今では世界遺産として登録されている。しかし、それほど人気がありながらも、この先史時代の建造物には多くの謎が隠されており、一般人はもとより、専門家たちの間からもいまだにさまざまな疑問がなげかけられている——だれが、いつ、何のために建設したのか、なぜこのような巨石が、実現不可能と思われるほどの距離を運ばれ、きわめて正確に配置されたのだろうかと。

　わたしたちはごく最近まで、これらの問いにはほとんど答えることができなかった。そこで本書では、中世の単純な推論から現代科学の方法論、あるいはニュー・エイジ的な手法によって明らかにされた事実などを図で示しながら、ストーンヘンジの姿が、わたしたちの中でどのように形作られていったかをたどることにする。

　1960年代の終わりに、放射性炭素年代測定法による正確な年代測定が可能になったおかげで、ストーンヘンジの建設開始時期が千年以上早められ、紀元前3000年よりも前と推定されることになった。この誤差は考古学的にみるとなかなか厄介な代物だった。ストーンヘンジの建設が、エジプトのピラミッドや他の巨石建造物（ギリシア語で巨石をメガリスという）よりも早いことになり、文明や文化が中東地域から世界に広がったという考古学上の定説、いわゆる伝播論を完全に覆すことになったからである。

　おもしろいことに、ちょうどこの時期、ストーンヘンジや他の巨石サークルにかくされていた天文学、度量衡（建設者たちが使っていた長さの単位）、幾何学などが次々と明らかにされていった。もっともすべての

説が、従来の考古学者たちから好意的に受け入れられたわけではない。しかしこれをきっかけに、考古学者、天文学者、エンジニア、歴史家たちのあいだで白熱した議論が交わされるようになり、1970年代の初めには、ストーンヘンジとその当初の建設目的を再検討しようという機運が高まっていったのである。

　ストーンヘンジは巨石がおごそかに並んでいるだけの場所ではない。もしそれだけのものなら、われわれの文化の中に、これほど根強く存在し続けることはなかっただろう。毎年夏至の日になると、4万人もの人々が、巨石から昇る朝日を見るためにこの地にやってくる。ストーンヘンジはアルビオン、つまり、太古のイギリスから受け継がれてきた、価値観の異なる様々な文化の知恵のイコンであり、シンボルでもあるのだ。ストーンヘンジというレンズを通して、新石器時代の建築家の頭の中を覗くことができれば、先史時代を生きたわれわれの祖先に、さらには彼らが求めていたものに必ずたどりつくことができるはずだ。

　ストーンヘンジにとっては6度目の千年紀となる21世紀に入り、考古学、天文、測量学、神聖幾何学、それにシャーマニズムをも含めて、ストーンヘンジをめぐるまったく異なる学問が、一丸となって巨石科学の全貌を明らかにしようと動き始めている。

　かつてストーンヘンジは、北西ヨーロッパに驚くほど多く存在するストーン・サークルの一つとみなされていた。しかし、リンテル（まぐさ石）の環を持つこの巨石建造物は、他のサークルとは明らかに異なっている。ユニークであり、5000年という時と異文化の波に洗われているが、ストーンヘンジは石器時代の神殿であり、当時存在した豊かで知的レベルの高い部族社会において、中心的な役割を果たしていたのである。偉大な石の遺跡が、その謎を解き明かされるのを待っている。

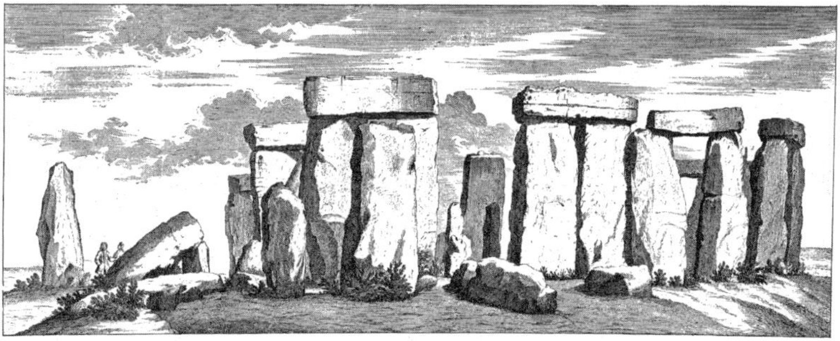

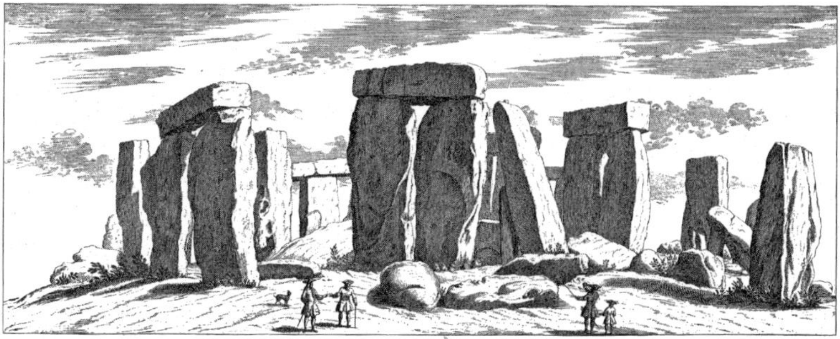

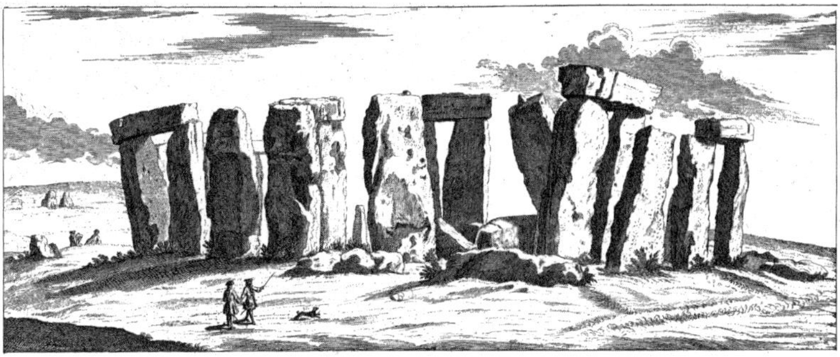

闇を掘る
ストーンヘンジの再発見

　中世の暗黒時代を過ぎたあたりから、ストーンヘンジに関する解説や図版には、その時々の文化の影響を受けた空想が織り交ぜられるようになった。ストーンヘンジの古さを考えれば、それもさほど不思議なことではない。ジェームズ1世に仕えた建築家のイニゴ・ジョーンズは、ストーンヘンジをローマ様式と結びつけるために、6つ目のトリリトン（2本の石柱の上に石を渡したもの、三石塔とも言う）を加えている（51頁参照）。また、ルーカス・ドゥ・ヘルの大まかだが魅力的なスケッチ（本書カバー参照）は、最も古いストーンヘンジの写生画として知られている。（1569年）。

　右図は、ウィリアム・キャムデンの『ブリタニア』（1605年）からとったものだ。見るからにぞんざいに置かれた奇妙な巨石群に思えるが、ストーンヘンジを世間に知らせるきっかけとなった版画である。1650年頃になると、ジョン・オーブリーや少し下ってウィリアム・スタックリーによる古物研究が始まった。ストーンヘンジがギリシア・ローマ時代のものだという考えから離れ、「ドルイド教」、つまり「野蛮なブリトン人」と結び付けられるようになったのはこの頃のことである。

　続いてストーンヘンジやその周辺にある古代遺跡の略奪が始まった。あの悪名高い2人組コルト・ホアールとカニンガムは、塚（バロー）から金の工芸品を掘り出し、くすんだ鉛を置いてくるという、錬金術とはまったく逆のことをしている。また、当時の発掘にはつるはしとシャベルが使われたために、遺跡に取り返しのつかない損傷を与えてしまった。貴重な証拠は無残にも破壊されてしまったのである。

　20世紀に入ってからは、ホーリー大佐、マシュー・フリンダース・ペトリ卿、ノーマン・ロッキャー卿、アトキンソン教授、ホーキンズ教授、トーム教授らが、より科学的な方法で「太古の灰色の石」の解明を進めた。

図中には次のように書かれている。
A: コーフストーン (吊るされた石) と呼ばれている石群、高さ7メートル、幅2メートル、重さ12トン
B: コロネット (王冠) と呼ばれている石群、重さ6〜7トン　C: 人骨が発掘された場所

ストーンヘンジの周辺
草原に残された遺跡

　ソールズベリー平原にはウェセックス文化の遺跡が集中している。ストーンヘンジはその豊富な遺跡群の中心的な存在である。ストーンヘンジから数キロも行けば、さまざまなタイプの塚（右図○印）、いまだに説明のつかない二つのカーサス（堤防をめぐらした帯状の大土塁）、ウッドヘンジ（32頁）、単独で直立する数多くの石、ストーンヘンジから550メートルも続く土手道、そして多くの柱穴を見ることができる。

　なかでもカーサスは見るものを釘付けにする。長さおよそ3キロ、幅およそ130メートル、総面積は40万平方メートルあまり。UFOの滑走路だったとか、竜巻に削り取られた跡だとか、馬上槍の競技場だったとか、これまでにもさまざまな解説が加えられてきたが、すべてまちがっている。ではいったいだれが、なぜ、これほど不思議な直線を建設したのだろうか。それもストーンヘンジにこれほど近いところに。右下の図版は1740年にスタックリーが描いたカーサスである。

　また、ストーンヘンジが傾斜した土地に建設されているというのも奇妙な話しだ。傾斜した場所でリンテル（まぐさ石）を水平に保つには、高さのちがう石をそろえなければならない。それに、最大で50トンもあるといわれるサーセン石を、わざわざ32キロも離れたエイヴベリーの近く、ファイフィールド・ダウンの「採石場」から運んできたというのも不思議だ。いくらか小さいとはいえ、ブルーストーンにいたっては、220キロも離れたウェールズから運びこまれている。建設者たちがこの地を選んだには、何かよほどの理由があったとしか思えない。

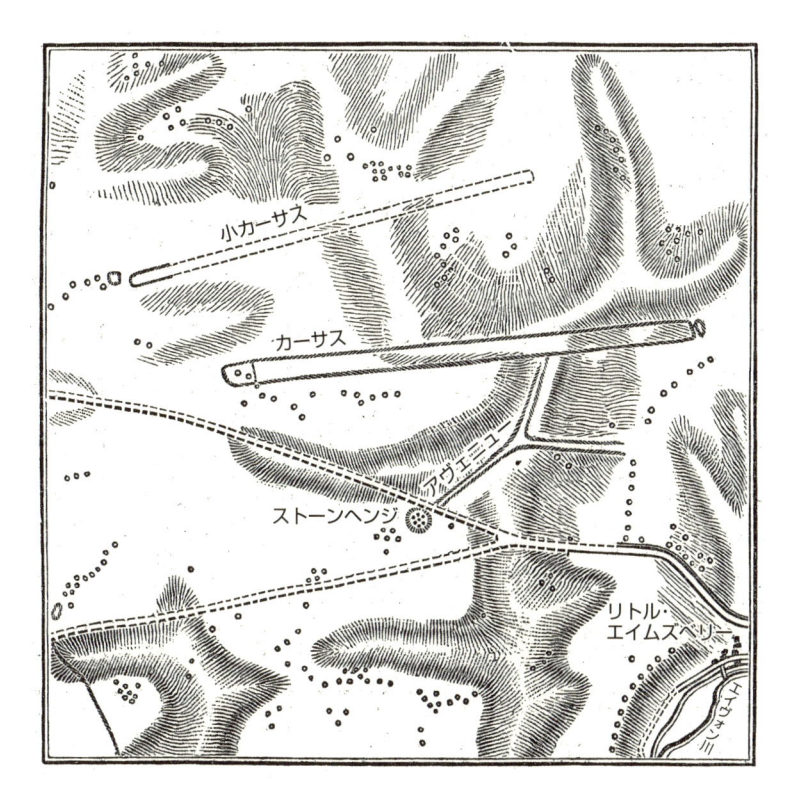

カーサスのスケッチ

来世への旅

来世思想

　ストーンヘンジの周辺にはさまざまなタイプの塚が点在している（右図）。その多くは墓室を備えており、時には火葬された人骨が見つかることもある。また、死体のかたわらには遺物が納められており、ウェセックス文化の生活様式を知る手がかりとなっている。ほとんどの人骨が胎児の姿勢をしているが、これは母なる大地からの再生を暗示している。巨石文明では、墓室が冬至の日の出、あるいは日の入りの方向に沿って並んでいることが多い。これは当時の人々が、昼のもっとも短くなる冬至を太陽の死とみなし、その後、日の出と日の入りが少しずつ北へ移動し、日差しが強くなり、太陽が中天に高く上るようになることを再生と考えていた、という説を裏付けるものとなっている。

　ストーンヘンジで行われた最近の発掘調査で、射手のものと思われる人骨が掘り出されている。脊椎には矢尻が打ち込まれたままになっていた。儀式の生贄（いけにえ）だろうか、それとも処刑か、もしかしたら殺人だったのかもしれない。

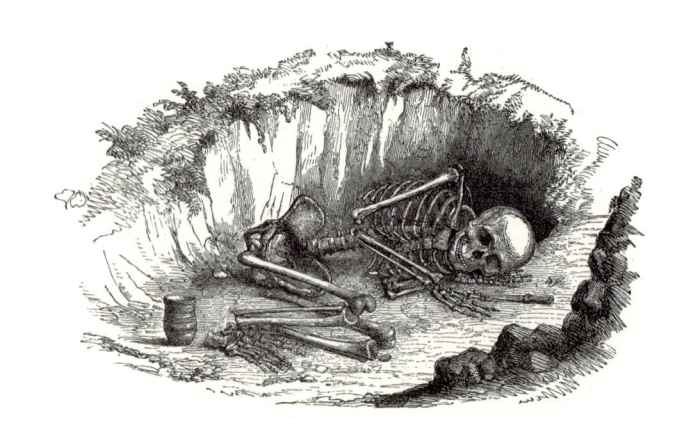

長　塚

鉢　型　　　　　　　　ベ ル 型

円 盤 型

ストーンヘンジの文化

副葬品

　ストーンヘンジを建設した人々に関する情報は、従来の考古学的な手法によってもたらされたものである。中でも正確な放射性炭素年代測定法の果たした役割は大きい。ソールズベリーやディヴァイジズにある博物館には、このあたりから出土した実にみごとな遺物が数多く展示されている。展示室では、美しい金細工品、磨かき抜かれた棍棒、リベットで固定された剣の柄、フリントの矢尻、優美な陶器類などが、粗雑な石のハンマーや、関節炎のあとを残した人骨などの中でひときわ目を引いている。

　磨かき抜かれた棍棒や斧の頭（下図）は紀元前2500年のものと推定されており、中には貴石でつくられたものもある。青銅器時代のビーカー人が作った底の平らな美しい陶器（紀元前2300年頃、右頁左上）、丁寧にたたかれた矢尻（右上）、そして、みごとな装飾がほどこされた儀式用の青銅の斧頭（推定紀元前2000年、右下）などからも、彼らの文明が機能性と芸術性を兼ね備えていたことがよくわかる。そう、彼らは野蛮人ではなかった！

　こうした人々が、ストーンヘンジという彼らの最高傑作を建造するために、必要な人員をいかに調達し、食事を与え、組織したかを想像するのは決して無意味なことではない。ホーキンズ博士の計算によると、もしストーンヘンジを1時間で完成するならば、1200万人の労働が必要だったということである。

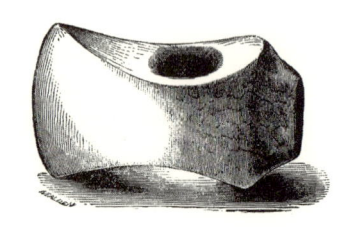

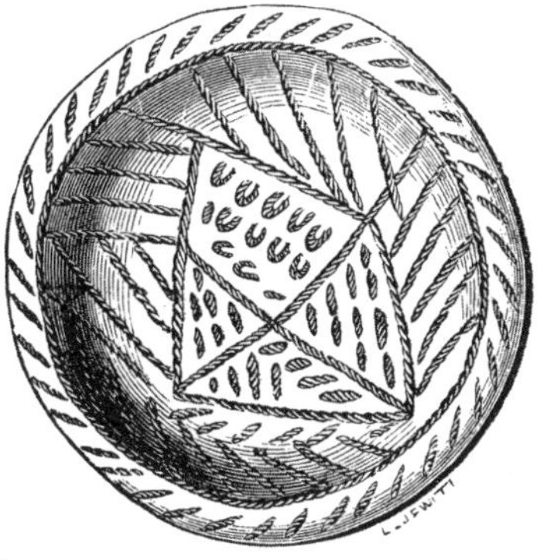
L.JEWITT

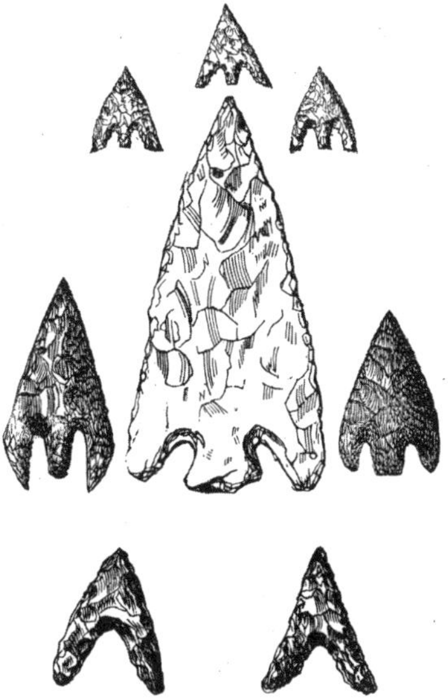

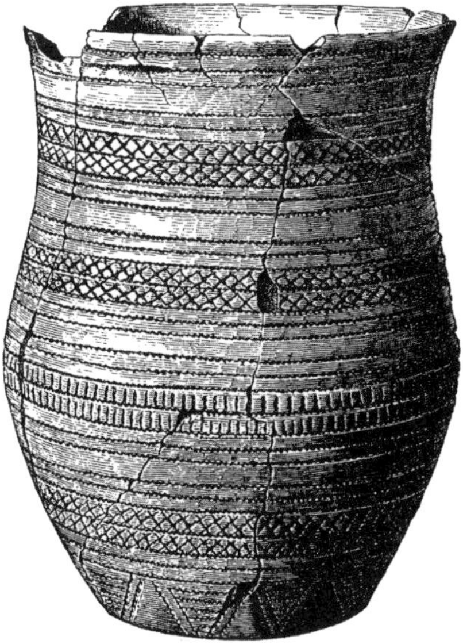

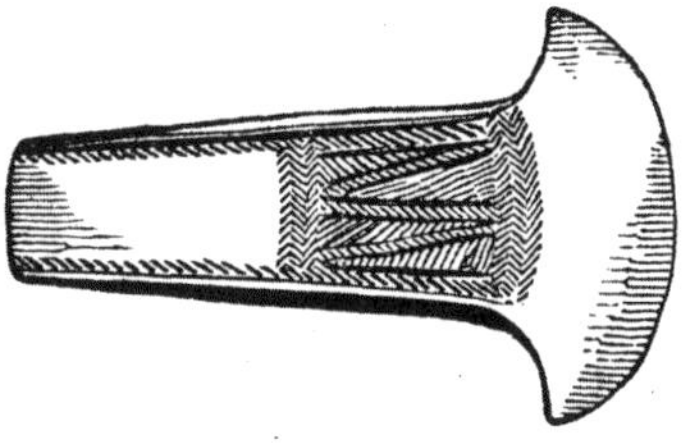

金の埋葬品
9の倍数からなるひし形

　ストーンヘンジの真南に、ブッシュ・バローという青銅器時代の初期に作られた塚がある。ここでの発掘が無駄骨に終わったスタックリーとはちがい、カニンガムは、1808年に、この地で彼の人生において最大の発掘をしている——いわゆる「ブッシュ・バローのひし形プレート」のことである。

　この素晴らしい工芸品は、背の高い男の胸に載せられていた。打ち延ばした金で、長さは18センチ（右図）。当時は木製の板の台に取り付けられていた。そのすぐそばには、木片や青銅の切れ端にまじって、青銅のリベットも埋葬されていた。このひし形プレートは、現在ディヴァイジズ博物館で見ることができる。

　ひし形の内角はそれぞれ80度と100度になっている。これは各辺に九つの三角形、真ん中に九つの小さなひし形を描くことができるように考えられたものだ。驚くべきことに、ストーンヘンジの緯度上で観測すると、日の出と日の入りの地点が、地平線上で最大80度、月の出と月の入りの地点が最大100度移動することがわかっている（右図下の左右の図）。このことから、ひし形のプレートを観測器具と見て、遺骸は天文観測をしていた神官のものだと主張する研究者もいる。しかし、天文学的な意味はどうあれ、ひし形のプレートが、当時の人々の卓越した工芸技術と幾何学の知識を証明していることはまちがいない。

　ほかにも、2本の短剣、青銅の斧、槍の穂、やや小ぶりの金のひし形プレート、金製のバックル、棍棒の頭、骨の装飾品なども発掘されている。それにしても、現代の天文学者たちの道具とはなんというちがいだろう！

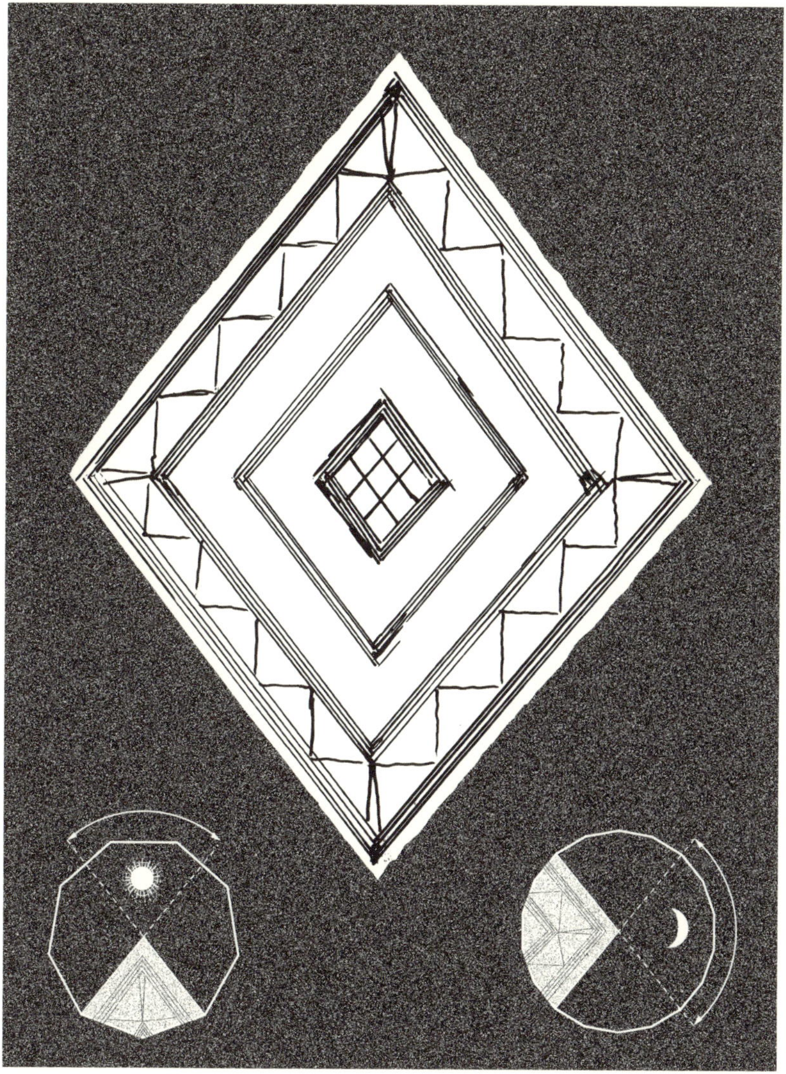

天文学と幾何学
サークルを建設した先史文化

1973年に、アレクサンダー・トームによって、ストーンヘンジの正確な調査がはじめて行われた(口絵1参照)。トームはすでに500以上のストーン・サークルを調査し、サークルの建設者たちが、82.9センチ(2.72フィート)という長さの単位を使っていたことを立証していた。この単位はメガリシック・ヤードと呼ばれ、ストーンヘンジの調査が進むにつれて重要性がさらに確かなものとなっていった。

トームが調査したサークルは、その3分の1が完全な円形ではなかった。どれもピタゴラスの三角形をベースに配列されており、三辺の比がメガリシック・ヤードで整数になるものが多かった。右のページにいくつか例をあげたが、数学的に重要な地点にはたいてい石が置かれていることに注目してもらいたい。キャッスル・リグのように、石の位置が太陽、月、星の出没という、天文学上の重要な地点と関連しているものもある。ストーンヘンジもこれと同じだ。どれも地形を巧みに取り込んで造られている。太古の天文学者たちはロープや杭を使ってピタゴラスの幾何学を用いていた。それもピタゴラスが生まれる2000年も前のことだ!

近年、卵型のタイプIがスーダンのナブタで発見された。紀元前4500年のものと推定され、このタイプでは最古の例として知られている。それまで巨石建造者たちがいたとされる地域からはかなり離れた場所である。

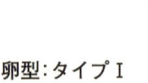

卵型:タイプI

ドルイドの寺、インバネス
3:4:5の三角形を基礎とする。
単位はメガリシック・ヤード(MY)

◇　倒れた石
◆　立っている石

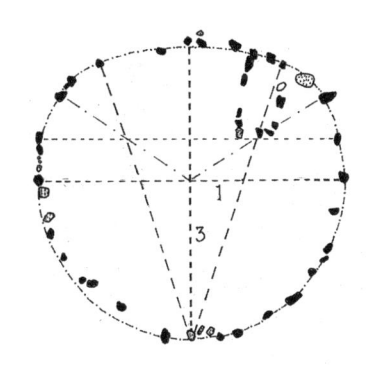

扁平サークル：タイプA

キャッスル・リグ、ケジック
1：3：√10 の三角形を基礎とする
直径　40MY

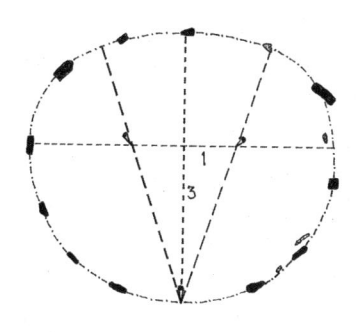

扁平サークル：タイプB

バーブルック、ダービーシャー
1：3：√10 の三角形を基礎とする
（1単位＝3MYで）

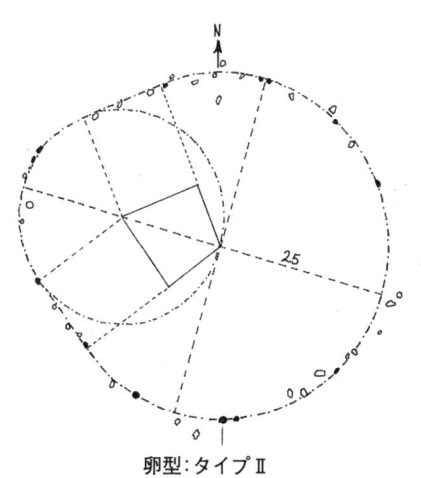

卵型：タイプⅡ

ボロウストーン・リグ
3：4：5 の三角形を基礎とする
直径　50MY

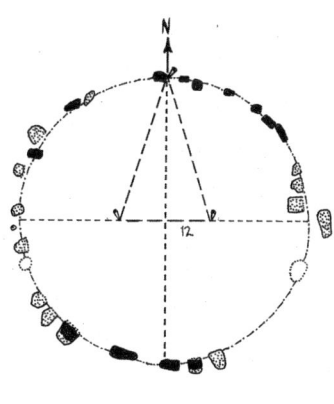

楕円型

ダビオット「B」
12：35：37 の三角形を基礎とする
（1単位＝1/4MY）

ストーンヘンジ I
1500年にわたる内側への発展

　ストーンヘンジの同心円上にある石や杭の穴は、中心に向って発展している。つまり、水面に落ちる雨だれとは反対の方向に発展したということになる。この発展は1500年以上続いた。

　円形の外堀、そして建設当初は高さが1.8メートルほどあった土手は、紀元前3150年のものと推定されている。これをストーンヘンジIと呼ぶ（右図上）。主軸の方向に開いた入り口の片側には「虐殺の石」が配置されていた。そこには石がもう一つ、対になるように配置されていたが、今は跡形もない。また入り口には多くの杭が実験的に立てられていた。それは、月の出がひと月のうちでもっとも北に移動する日（右図中央）、ことに、18年7ヶ月毎に起きる冬至の満月の出を観測するためのものだったようだ。

　その後入口は広げられ、夏至の日の出の軸線にそってアベニューがつくられた（右図下）。右図上の右端にあるように、狭い溝に囲まれたヒールストーンが、550メートルのアベニューの起点を示している。ストーンヘンジの当初の目的は月の観測にあったが、発展していくうちに太陽の観測が主な使用目的となっていったようだ。太陽と月の観測や食の予知はもとより、かなり正確なカレンダーが存在したという証拠も残っている。

　「ヒール・ストーン」という名は、太陽を意味するウェールズ語のhaul、あるいはギリシア語のheliosという言葉に由来している。また、「修道僧のかかと」（Friar's Heel）という呼び名もよく知られているが、かかとのような形をしたへこみがこの石のどこかにあるということらしい。しかし、Friar's Heelとよく似た発音のffriw yr haul（フリゥー・アル・ハイル）が、古いウェールズ語で「太陽の出現」を意味することから、名前の由来としてはこちらの方がより妥当であろう。

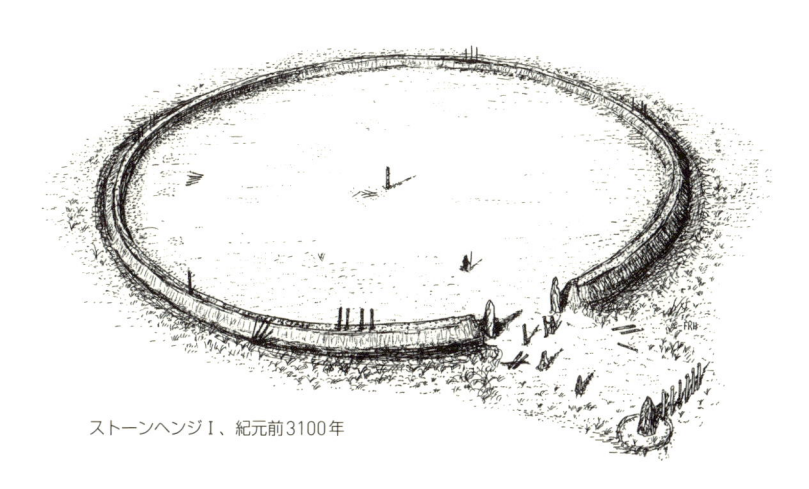

ストーンヘンジⅠ、紀元前3100年

最も北よりの月の出

夏至の日の出

オーブリー穴とステーション・ストーン
ウッドヘンジと5:12の長方形

　紀元前3000年頃に、円を描く56個のオーブリー穴が掘られた。この穴を、木でできた水平なサークルを支える太い柱の受け穴だった、と考える研究者もいる（右図上）。それから300年後、オーブリー穴の円周上に四つのステーション・ストーンが置かれた。四つの石は短辺と長辺がそれぞれ5:12の長方形を形成するようにきわめて正確に配置されていた。この長方形をもとにオーブリー穴の直径を導くと13。一単位が8メガリシック・ヤードなので、104MY（13×8）、つまり86メートルということになる。この数字の符合の発見によって、懐疑的な考古学者も、当時の建設者たちがメガリシック・ヤードを使っていたことを認めないわけにはいかなくなった。

　しかし、四つあったステーション・ストーンも、今では二つを残すだけとなっている。なくなった石は、どれも4.3メートルほどの高さで、溝に囲まれた小さな塚の上に立っていたらしい。（右図左下）

　遺跡の中心部分にあった「環状列石」もこの頃には存在していた。石材となったブルーストーン（斑点輝緑岩）は、直線距離にして217キロ離れた場所から運び込まれたものである。残存するブルーストーンの中には、曲線を描いているもの、ほぞ穴をうがたれたもの、舌のように突出した部分を持つもの、そして溝を彫られたもの（石68、右図右下）なども見受けられる。38組のブルーストーンを使って、トリリトンからなる直径27メートルの環状列石を造る計画だったらしいが、完成にはいたらなかったようだ。もっとも、ストーンヘンジの中心部分は荒廃がひどいために、その証拠を見つけ出すのは難しい。おそらく、最初の「環状列石」は、完成品としてウェールズから移されたもので、運搬の途中でそのうちのいくつかを失ってしまったのであろう。

　「トリリトン」という言葉はギリシア語に由来しており、「三つの石」すなわち2本の直立した石とその上に渡されたリンテル（まぐさ石）のことを指している。

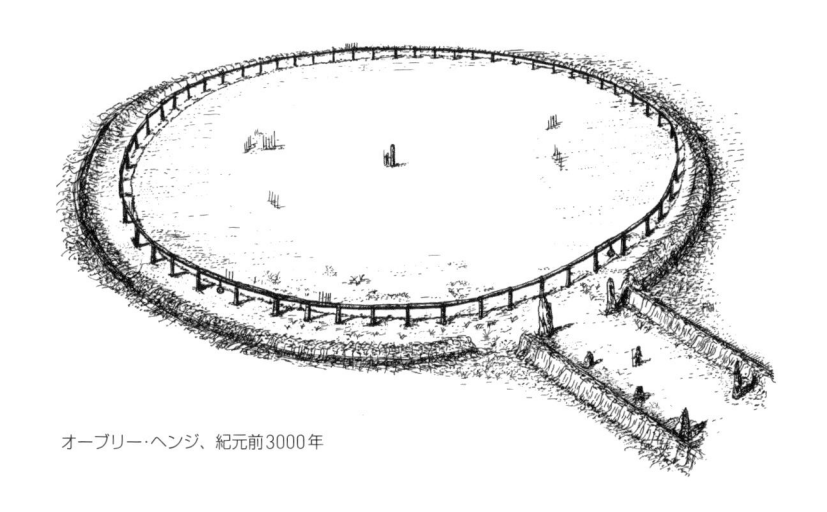

オーブリー・ヘンジ、紀元前3000年

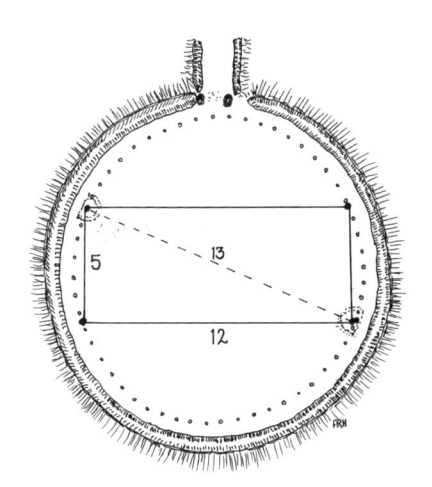

ステーション・ストーンが形成する長方形、
紀元前2700年
1単位＝8メガリシック・ヤード

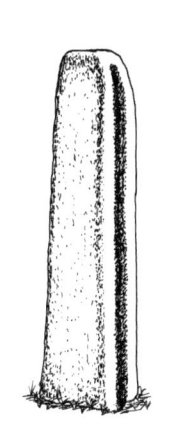

溝を彫られたブルーストーン（石68）

サーセン石とトリリトン
新石器時代からやってきた先史時代の怪物

　有名なサーセン・サークルが建てられたのは紀元前2600年頃のことである。サーセン石で造られたリンテルが、見事に水平な円を描きながら、五つの巨大なトリリトンを囲んでいた。しかし、五つあったトリリトンも、今では三つを残すだけとなっている。サーセン・サークルの隙間からでは、トリリトンの石材を中に運び入れることはできないので、こちらの怪物を先に建設したと考えるのが自然だろう。サーセンと呼ばれる石材は、ストーンヘンジから直線距離にして27キロ離れた、ファイフィールド・ダウンから運び込まれたものである。

　サーセン・サークルは内側の表面に仕上げが施されており、当時は地上から4.6メートルのところに30個のリンテルを渡して一つの円を形成していた。トリリトンにはそれ以上に入念な仕上げが施されている。しかし奇妙なことに、対になった直立石の一方は粗い仕上げのままである。五つのトリリトンは5.2〜7.6メートルと均一の高さではなかった。リンテルの中心線で測定すると、サーセン・サークルの直径は30.7メートル。トリリトンが形成する「馬蹄形」は、幅12メートル、奥行21メートルとなっている。

　サーセン石は花こう岩よりも数倍硬い砂岩である。おそらく同じサーセン石製の大槌を使い、この場所で仕上げをかけられたのだろう。大槌は最も重いもので29キロ。1800以上の大槌がこの場所で発掘されている。その多くは直立石を所定の場所へ配置した後に、一緒に埋められたものである。

　最初のブルーストーン・ヘンジは、サーセン石の建造物よりも前に着手されたが、解体され、後に59あるいは60個の石からなる、直径が23メートルのサークルとして、サーセン・サークルの内側に並べ替えられている。これに合わせて、19個のブルーストーンを使い、高さおよそ2メートル、直径12メートルのやや小ぶりな馬蹄形も造られた。最後に、高さ4メートルの整形された祭壇石が置かれ、この巨石群は完成した。(29頁の平面図参照)

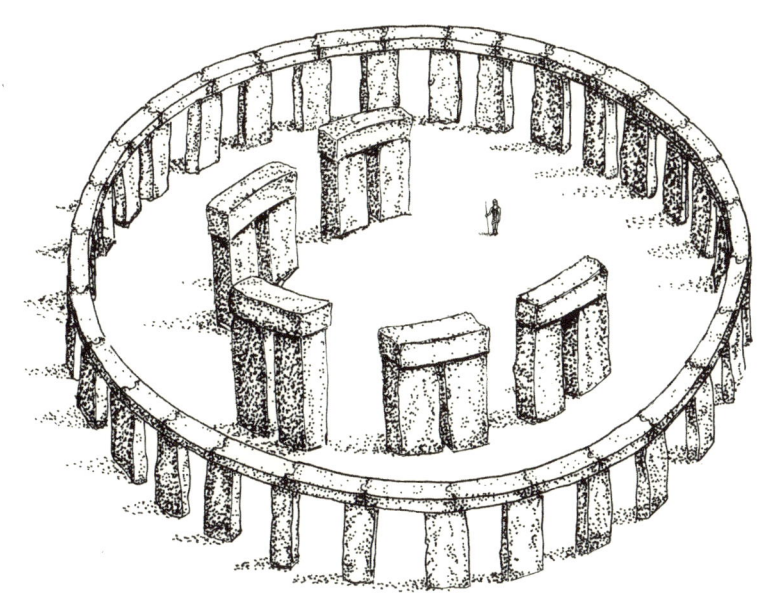

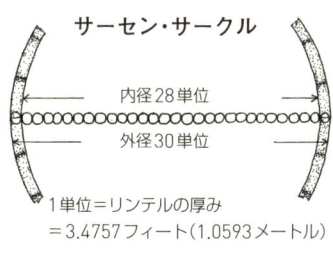

サーセン・サークル

内径28単位
外径30単位

1単位＝リンテルの厚み
　　　＝3.4757フィート（1.0593メートル）

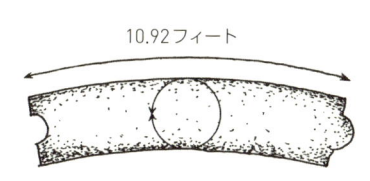

10.92フィート

サーセン・サークルの外径
　＝104.3フィート（31.8メートル）

外周＝327.6フィート（99.9メートル）

内径＝97.32フィート（29.66メートル）

リンテルの長さ（リンテルの総数は30個）
　＝10.92フィート（327.6/30＝3.33メートル）

リンテルの幅
　＝3.475フィート（10.92/π＝1.0593メートル）
　＝リンテルの長さ/π

ユダヤの聖なるロッド＝3.4757フィート
3.4757485フィート＝極半径/6,000,000

（ジョン・ミッチェルによる）

石に施された木工技術
巨石はどのようにつなぎ合わされたか

　曲線を描く30個のリンテルからなる円環（サーセン・サークル）は、サーセン石でできた30本の直立石の上に完全な水平を保つように建設されていた。このサークルを地上4メートルほどの高さに安全に固定するために、リンテルは凸と凹（さねはぎ継ぎ）によってジグソーパズルのように組み合わされていた。さらに、リンテルのほぞ穴は、直立石の上につくられた二つのほぞとしっかり結合されていた（下図）。この地を訪れたものは、リンテルが崩れ落ちた直立石の上にほぞを見つけることができるはずだ（下図および右下図の石56、60参照）。こういったつなぎ合わせの仕組みは木工技術を応用したものである。

　トリリトンの巨大な直立石にも大きなほぞが作られており、リンテルのほぞ穴としっかり結合されていた。最も高い石（56）には、男の子がいたずらっぽく帽子を掲げるような格好で、いまだにほぞが残っている。しかしどうしたことか、ほぞ穴が二つ彫ってあるリンテルのほうは落下している。

　右の絵は、バークレーの『ストーンヘンジ』（1895年）から転載したものである（47頁の石の番号図参照）。

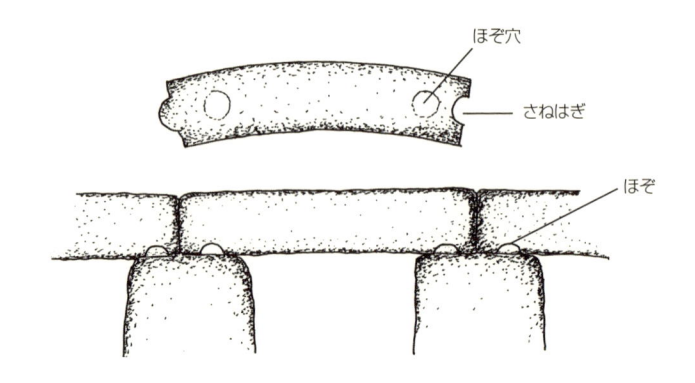

ほぞ穴
さねはぎ
ほぞ

紀元前2000年－南側から見たストーンヘンジの本来の姿。
幅が半分のサーセン石(石11)がこちらに向いている(中央左端の人物の左側の石)。

後1900年－復元される前のストーンヘンジ。
石62のシルエットが見える。

後1900年－西側から見たストーンヘンジ。
かつてトリリトンの直立石(56)は傾いていた。

石を立てる

「リンテルを空中に浮揚させる」巧みな技術

　重さが50トンにも達するサーセン石はファイフィールド・ダウンから、そして重さが4トンから5トンもあるブルーストーンは、ウェールズのプレセリー山地から運び込まれたものである。こういった巨大な石を運ぶためには、ロープ、梃子（てこ）、ローラー、そして運搬台などを使いこなす高度な技術が要求されたにちがいない。それに有り余るほどの時間が！

　巨大な石はこの地に運び込まれてから整形され、そのあと転がされるか引きずられるかして石穴まで運ばれていった。直立石を垂直に立てるためにはクレーンのような構造物が使われたはずだ。おそらく、Y穴とZ穴（29頁の見取り図参照）が、この危険な作業で使われたつっかい棒の受け穴だったのだろう。なぜなら、この穴には石が立てられていた形跡がないからだ。

　確かな証拠はないが、上にわたすリンテルは、梃子を利用して一端を浮かせ、その下に木材をはさみこんでいくという作業を交互に繰り返しながら持ち上げていったと思われる。そして最後に、リンテルをずらしながら、直立石のほぞに対応するほぞ穴を結合させたのだろう。どうか真似だけはしないように！　土か木材で作った傾斜路を利用したと考えることもできそうだ。えっ、空中を浮揚させたって？　皆さんはどうお考えだろうか。

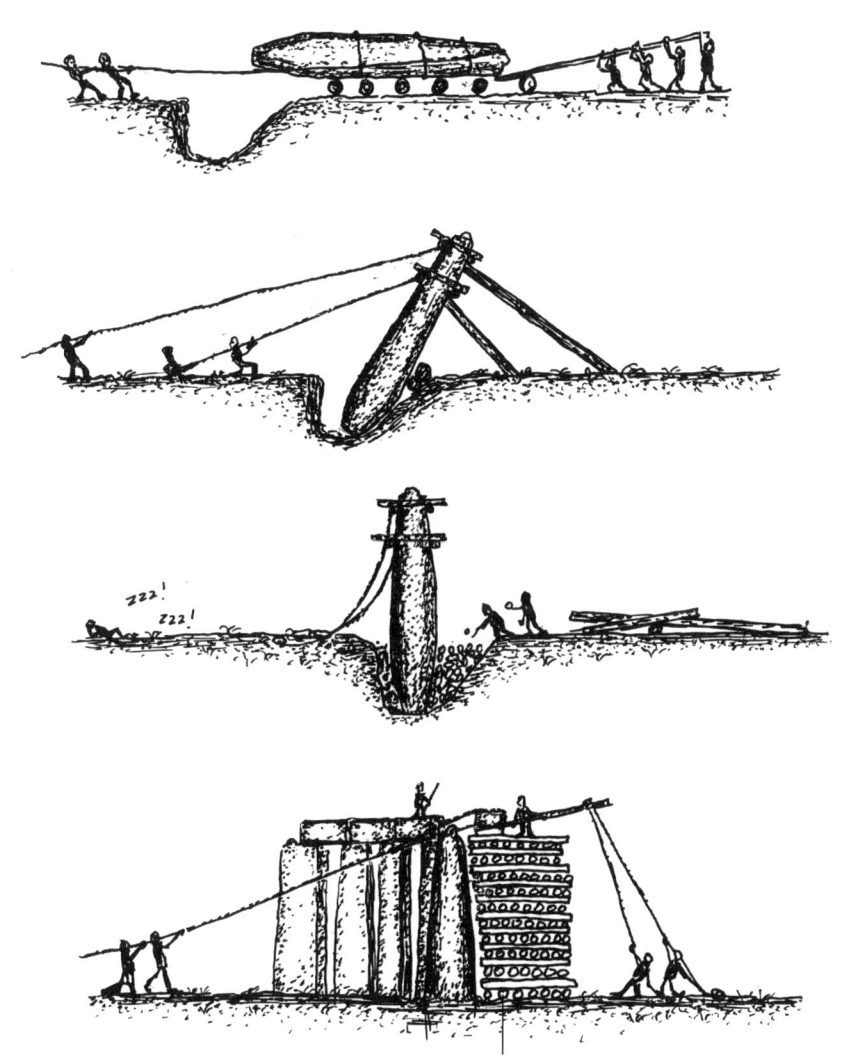

リンテルを持ち上げるために使った木材

25

モダンアート
荒れ果てた遺跡

　紀元前3150年ころに始まったストーンヘンジの建設も、紀元前1500年頃には終了していた。それ以来、この巨石建造物は、イギリスの気まぐれな気候や文化の変化にさらされてきた。なんと1917年には、「低空を飛ぶ飛行機の障害になる」という理由で、関係当局から撤去を求める申請が出されている!

　この遺跡が——曲がりなりにも——今日まで生き延びてきたことには驚きを覚える。今ではフェンスや駐車場、そして、他の神様が祀られているどこかの寺院と同様に、立派な土産物屋に囲まれている。

　多くの訪問者が残していった落書きのおかげで、巨石に見当ちがいな名声が与えられたこともあった。しかし、ミケーネの短剣に似た彫刻は、そういった落書きとは区別してもいいだろう(右図上)。サーセン石には、風雨や霜などの絶え間ない浸食による、小さなこぶやくぼみも残されている。1797年には、4番目のトリリトンが崩れ、その震動が数キロ先まで伝わったといわれている。19世紀の最後の年にも、サーセン石の直立石一つとそれが支えていたリンテル(47頁の平面図、石22と石122)が倒壊した。どちらも1958年に復元され、つづく1959年にも、いくつかの傾いた直立石を起こす作業が行われている。また、一連の復元作業の影響で落下したリンテル(石23)も、1963年には再建された。倒壊した石の中には、いつの間にかこの地から姿を消してしまったものもある。おそらく切り刻まれて、いまごろは何の変哲もない建物の一部になっているのだろう。

　右頁の下の絵は、17世紀の中頃に活躍したデイビッド・ローガンの複製版画である。巨大なトリリトンの直立石(石56)が、危なっかしく傾いている様子がよくわかる。この石はその後の復元作業によってまっすぐに起こされたが、片割れの石は壊れてリンテルのかたわらに横たわっている。

« Stone 53 »   « Stone 4 »

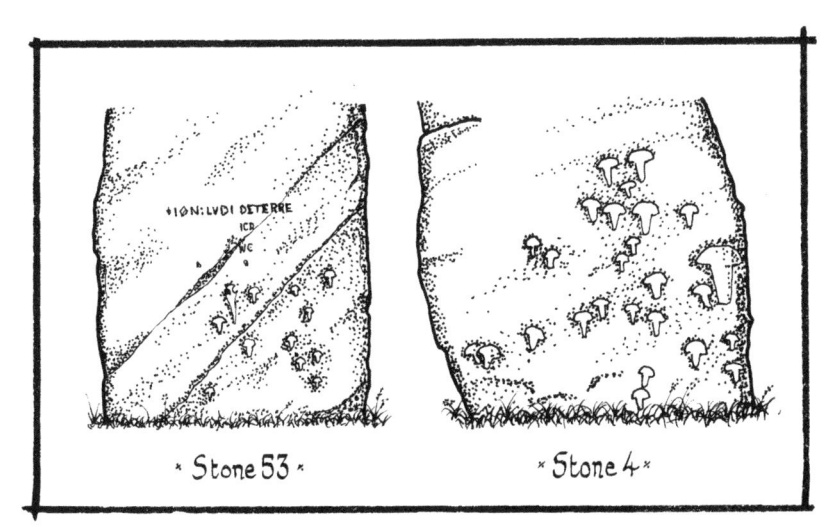

石53、石4
ミケーネ文化の墳墓にこれと似た短剣の装飾があるという。

Vue de STONE-HENGE du Côté d'Occident.

西側からストーンヘンジを望む

浮かび上がった残像
石を読み解く

　ところで、わたしたちがソールズベリー平原で得たものはいったいなんだったのだろう。多くの謎や推論を前にして、果たして真実と虚構を区別することができるだろうか。苦労の末にようやく手に入れた観測結果や証拠を、仮説と切り離して考えることができるだろうか。ストーンヘンジの謎を解くにはどこから手をつければいいのだろう。どんな解説書を読んだらいいのだろう。

　おそらく最も大切なことは、ストーンヘンジがわたしたちと変わらない人間によって造られた、という事実を受け入れることだ。そして、異なった文化をもっていたとはいえ、生きていく上で必要ないくつかの事柄に関しては、彼らの方がわたしたちよりも優れていた、ということも受け入れなければなるまい。

　石は魔法によってこの土地に運びこまれたわけでもなければ、魔法によって所定の位置に設置されたわけでもない。この土地はわれわれのような人間によって選定され、検分され、測量され、そして区画されていったのである。石がこの地に運び込まれると、人や家畜が集められ、持ち込まれた道具はいつでも使えるようにきちんと手入れをされていた。ストーンヘンジの建設は、当時の人々にとって、非常に重要な巨大プロジェクトだったのだ。どの建造物にも必ず設計者がいて、建設にかかわる人々は、それぞれの作業に精通していたにちがいない。

　1963年の初めに、C・A・ピーター・ニューハムが、暗闇に一つの光を投じた。ニューハムは、太陽と月の天文学と、ステーション・ストーンの幾何学との間に驚くべきつながりがあることをつきとめたのである（右図）。この発見はアメリカの天文学者ジェラルド・ホーキンズ教授によって受け継がれ、さらなる研究が進められた。1965年にホーキンズ教授が出版し、ベストセラーにもなった『ストーンヘンジの謎は解かれた』は、考古学者たちから手厳しい批判を受けたが、天文考古学という新しい分野の学問の先駆けとなった。

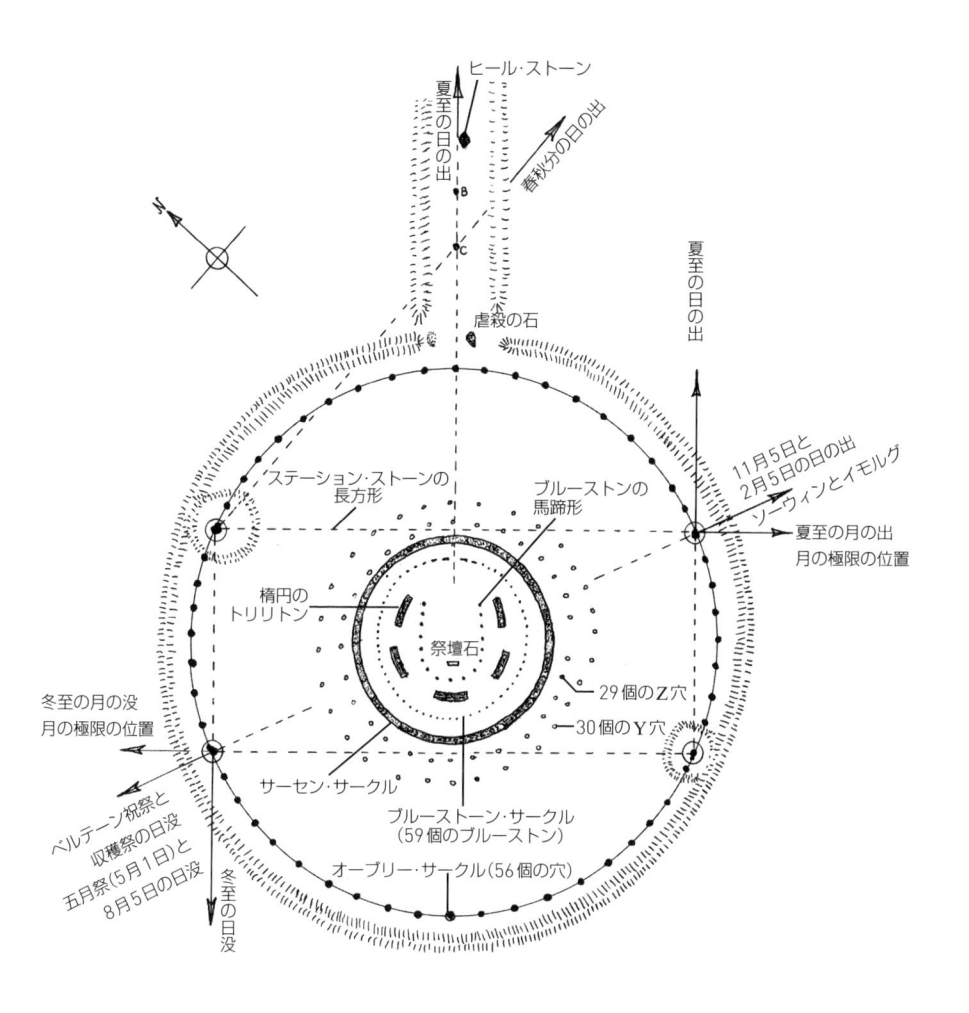

1963年3月、C・A・ニューハムは、ステーション・ストーンが形成する長方形(上図)が、太陽と月の照準線を示しているという説を『ヨークシャー・ポスト』に発表した。これらの照準線は、ストーンヘンジの緯度上でしか成り立たない。別の場所では長方形ではなく平行四辺形になってしまうだろう。全体的には、八角形を形成するような配置になっている(49頁参照)。

太陽が現れた

夏至の直線

　ストーンヘンジの緯度上では、年間の日の出と日の入りの揺らぎが、東西に引いた直線をはさんでそれぞれ40度ずつになることがわかっている。ブッシュ・バローのひし形プレート（13頁参照）はこれと同じ角度（40°×2＝80°）を示している。サーセン・サークルの外側に立ち、そびえ立つトリリトンの隙間から見ると、夏至の太陽は、アベニューの延長線と交わる地平線上のある一点に現れる。

　一般に、夏至の太陽はヒール・ストーンの上に現れると思われているが、実際にはちがっている。美しいイメージではあるが、ヒール・ストーンはアベニューを通る主軸からはずれているのだからそれは錯覚か作り話ということだ（右図上参照）。しかし、新石器時代の太陽が、主軸の延長線上に姿を現していたことは間違いない。もちろん、それは地球の自転軸の傾斜角度が現在よりも0.5度大きかった新石器時代の話ではあるが、ストーンヘンジが夏至の日の出と直線で結ばれた神殿であり、365.242日という、四季をめぐる1年とも深くかかわっていたことは確かなことである。ところが、先に述べたようにヒール・ストーンは建造物の主軸から右に外れたところに置かれている。おそらく、紀元前2500年当時の人々に、「太陽がヒール・ストーンの頂から昇る」と言っても、信じてはもらえないだろう。

　さらに、冬至の日の入りは夏至の日の出とは正反対に位置しているので、アベニューから見た場合、夕日はストーンヘンジの南西の方角から差し込んでくることになる（41、43頁参照）。ストーンヘンジのアベニューが行列を作って歩く道だったとしたら、夏至よりも冬至の儀式を行うためのものだったと考えるべきだろう（55頁参照）。人類学者のライオネル・シムズ博士が最近こんなことを言っている。

「アベニューは平たんではなく、西の方が東の方より高くなっているので、冬至の日没時に巨石建造物に向かってアベニューを歩けば、日没を二度見ることになるだろう」

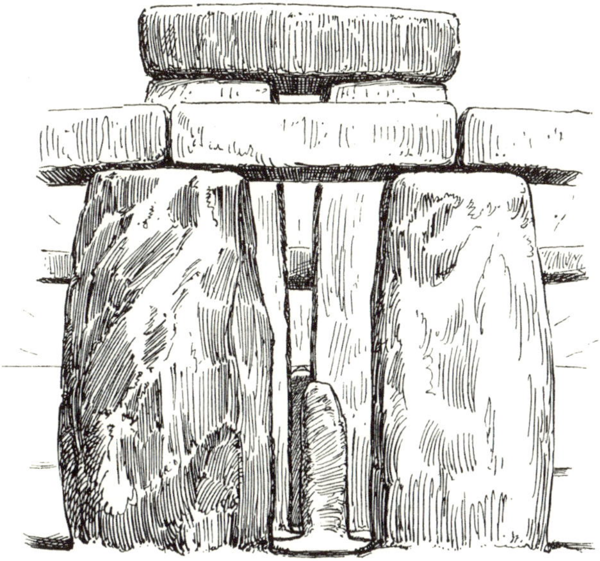

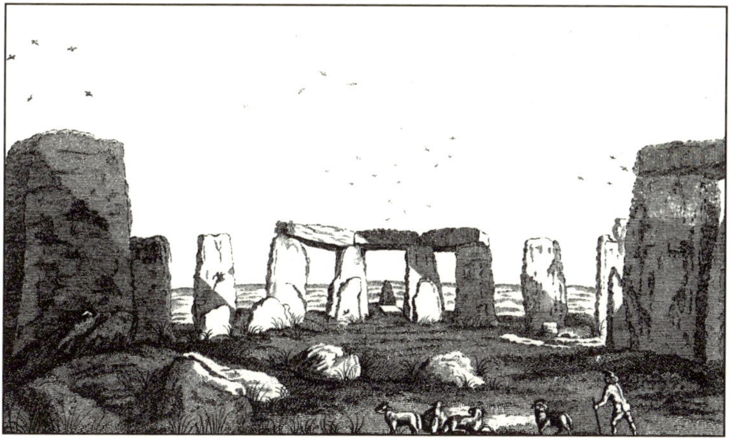

ウッドヘンジ
もう一つの真夏の整列線

　ストーンヘンジの北東3キロのところに、ウッドヘンジというたいへん興味深い新石器時代の遺跡が残っている。考古学者たちは、この遺跡を紀元前2000年のものと推定し、屋根で覆われた建造物だったと考えている。ウッドヘンジの性格がどんなものであれ、ストーンヘンジと同じく、この遺跡の主軸も正確に夏至の日の出の方向を指すように建設されていた。前述のカーサス（7頁参照）はウッドヘンジの方角を指している。

　複雑に配置された穴を見ていると、一つの興味深い幾何学が浮かんでくる。ウッドヘンジは、円周がそれぞれ40、60、80、100、140、そして160メガリシック・ヤードの六つの同心楕円からできており、全体の構造は、1単位を1/2メガリシック・ヤードとする、12:35:37の二つのピタゴラスの直角三角形を基礎に作られている。

　巨石建造物の入り口は、夏至や冬至の日の出、あるいは日の入の地点と直線で結ばれていることが多い。もっとも有名なものは、アイルランドのニューグレンジ、アングレジーのブリン・セリ・ドゥ、オークニー諸島のメイズ・ホウ、そしてもちろんストーンヘンジである。どの遺跡もみな、人間を天空や時の流れとつなぐ儀式的な列石であったと思われている。どうやらわたしたちの祖先は、季節によって変わる太陽や月の出没場所に、何か特別なものを感じていたらしい。

　巨石遺跡の中には、誤差が1度の60分の1という正確さで、地平線上にある天文学的に重要な地点と直線で結ばれているものもある。そのほとんどが、18.62年という月の交点周期を示しており、とりわけ食予知には欠くことのできない173日間（1/2食年）にわずか7分の1度という、月の軌道の揺れを観測するために使われていたと考えられている。そのもっともよい例として、アーガイルシャーのテンプル・ウッドをあげておこう。

ウッドヘンジの設計図

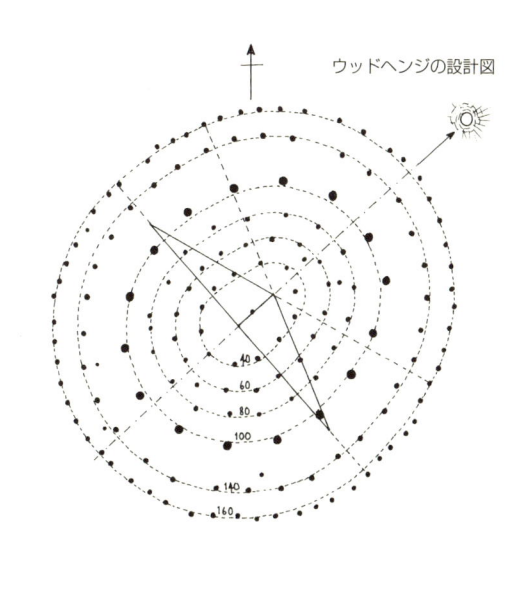

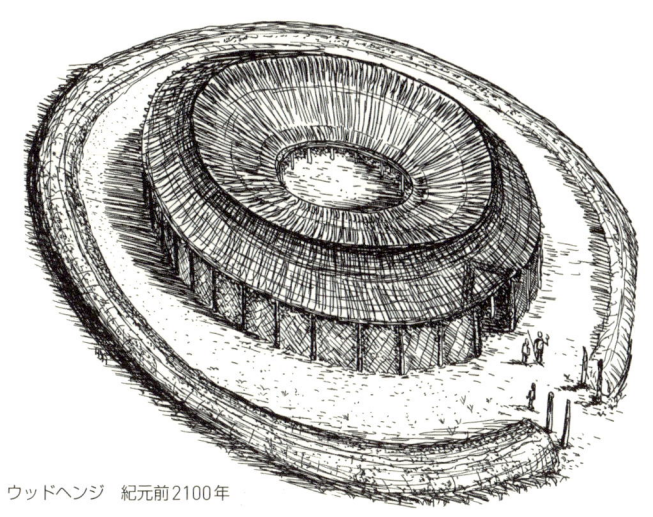

ウッドヘンジ　紀元前2100年

カレンダー遊び
季節がある理由

　ストーンヘンジに並ぶ数多くの石とその織りなす空間の中に、これまでわたしたちは太陽年や太陰月に関する数字をいくつも見つけてきた。19頁と29頁では、5:12の長方形が、冬至や夏至といった、今でもなじみ深い八つの太陽の祭りを規定していることを知った。この長方形は、月の極限の位置、つまり、月の出没地点が最も南寄りに、あるいは最も北寄りになった時の方位とも結びついている。

　56個の穴を連ねるオーブリー・サークルは、28日の月が13カ月——つまり1年を364日とする古代の暦を、そして直立した30個のサーセン石は、30日の月が12カ月——つまり1年を360日とするエジプト暦を示唆している。さらに注目すべきは、30個ある直立石のうち、一つの石だけその幅が半分になっているという点だ（47頁の11番、23頁上の左から5番目にある小さな石）。これで29と1/2日という新月から次の新月までの期間を表わそうとしたのだろうか。29.5の2倍、すなわち59とはY穴とZ穴の数を合わせたものであり、ブルーストーン・サークルに並んでいた石の数でもあった。

　ブルーストーンの馬蹄形には19個の石が並んでいた。なぜだろう。19太陽年は235月期とほぼ等しく、ある日付に見た月と同じ相の月を19太陽年後の同じ日付に見ることができる——これはメトン周期と呼ばれるもので、太陽と月は3年、5年、8年後にもこれに近い周期を繰り返している。

　ところで、235を19で割ると12と7/19、つまり1年間に訪れる月期（満月）の数になる。7/19は0.368。サーセン・サークルの直径は3×12.368メガリシックヤード（30.8メートル）になっており、オーブリー・サークルの直径とサーセン・サークルの外円の直径の比もまた7/19になっている（右頁下）。はたしてこれが偶然の一致といえるだろうか。

太陽年	365.242日
太陰月	29.53059日（月期）
一年の月数12.365（12と7/19）	

1メガリシック・ヤード　2.72フィート（82.9センチ）	
1フィート （30.4センチ）	1ロイヤル・キュービット 1.72フィート（52.4センチ）

1太陰月　29.531日	
7/19太陰月	12/19太陰月

12太陰月	太陽年	13太陰月
354.367日	365.242日	383.898日

土手　ステーション・ストーン　←―19―→　←7→　サーセン・サークル　オーブリー・サークル
　　　　　　　　　　　　　　　　　　　　　104'　　　　　　　　283'

新しい視点
ばかげた考古学を振りかざす愚かな連中

　ストーンヘンジは常にさまざまな推測を生んできたが、それが一つのピークを迎えたのは1960年代のことである。しかしこれと同じ時期に、新石器時代と青銅器時代の年代設定に大きな誤差があるというとんでもない事実が判明し、考古学界が自分たちの立場を守るために結束を固めてしまったのは不幸なことであった。その結果、巨石時代の幾何、天文、度量衡（建設者たちによって使われた長さの単位）に関する論理的な研究はことごとく非難され、無視されてしまった。考古学者以外の人間は、「ばかげた考古学を振りかざす愚かな連中」という、アトキンソン教授の不朽の言葉でくくられてしまったのである。

　ホーキンズ博士が『ストーンヘンジの謎は解かれた』(1965年)を発表すると、アトキンソンは「ストーンヘンジについてのたわごとだ」と厳しく批判した。トーム教授の『英国の巨石記念碑』(1967年)に対しては、「考古学に時限爆弾をしかけたようなものだ」とまで言い放った。ジョン・ミッチェルの『アトランティスの記憶』(1969年)は、太古のイギリスを啓示的に描きだしたもので、この本によると、ストーンヘンジのような古代の遺跡の多くは20キロ、時には数百キロも続く直線上に一列に存在していることが多い（これをレイラインと呼ぶ）。この本はベストセラーになったが、考古学者たちには受け入れがたい代物だった。しかし、伝説、神話、聖地や町の名前の中にさえ、民族共有の記憶、すなわち、かつてイギリス全土で行われたのにちがいない「神聖な土木工事」の跡をとどめた景観を暗示するものが残されている。レイライン、神聖幾何学や古代遺跡に記録された天文学的配列は当時、一大ブームを巻きおこし、例えばダウジングや風水のような古代の技術もリバイバルした。それらは、30年の時を経た今でも、懐疑的な考古学者たちはさておき、一般の人たちから広く受け入れられている。

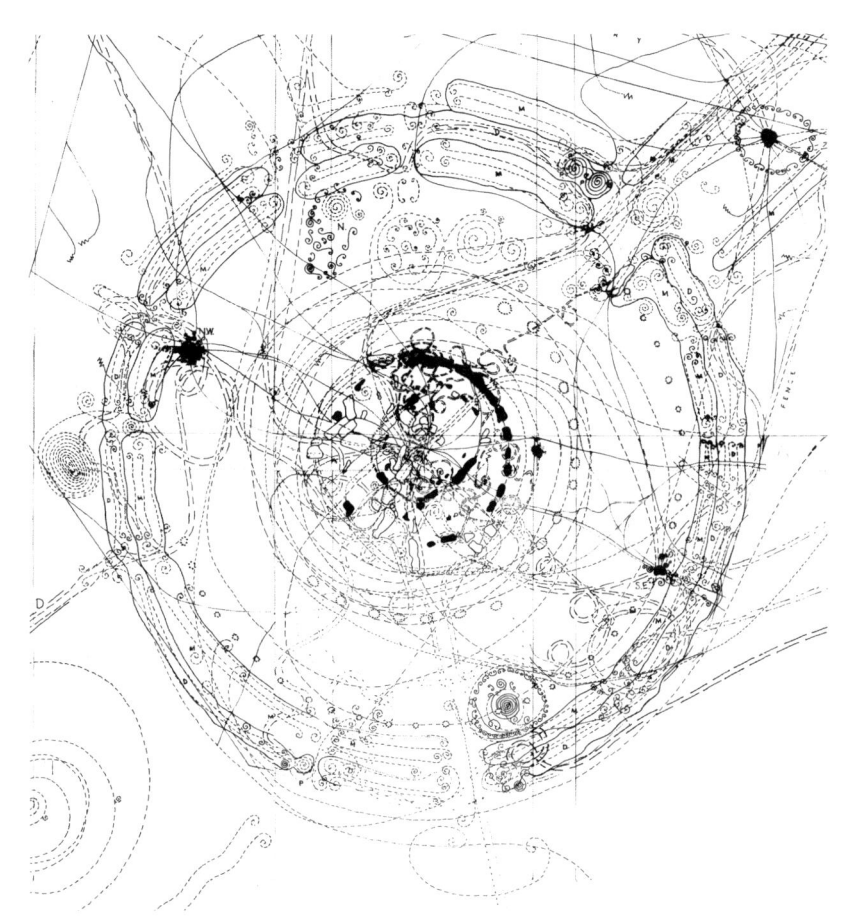

1948年に、ガイ・アンダーウッドはストーンヘンジ一帯をダウジングし、自分の感じ取った「地下水脈」の概略を上のように示した。ガイ・アンダーウッドは、この巨石遺跡の建設時期を紀元前2650年と推定した最初の人物でもある。その著書『過去のパターン』はダウジング熱の再燃に一役買っている。

月期をあらわす三角形
太陽と月の結婚

　ストーンヘンジには遺跡自体に数学的・天文学的数字が時として埋め込まれている。たとえば、1年間に訪れる満月の回数(12.368)は、幾何学を使った単純な方法で表される。ストーンヘンジでは、ステーション・ストーンをつなげてできた長方形が、それを完全な形で示している(19頁)。5:12の長方形の対角線は13。その結果できた5:12:13というピタゴラスの三角形があれば、12.369という斜辺を簡単に作図することができる(右図上)。ヨハネの福音書の第21章に、網の中に153匹の魚がかかるという教訓話があるが、これは月期を示す三角形を暗示している。153の平方根は12.369だということにお気づきだろうか。

　右図下に示した月期を表す三角形は、ストーンヘンジとブルーストーンの産地、そしてランディー島をつないでできた直角三角形である。ただのこじつけだと？　そんなことはない、ランディー島はその昔、ウェールズ語でYnys Elen(アニス・エレン)「ひじの島、あるいは直角の島」と呼ばれていた。ウェールズの神話では、古くからあるまっすぐな道は、日没(西)の女神エレンに守られていたといわれ、アングルシー島と思しき西の島からやってきた、イギリスの王女ヘレンが、王国を貫くまっすぐな道を造ったといわれているのだ。

　この大きな三角形は、ステーション・ストーンが形成する直角三角形の2500倍もあり、ストーンヘンジがこの場所に建設された理由や、ブルースーンの産地がなぜ重要であるかを物語るものである。ブルーストーンの産地とランディー島を結ぶ直線を3:2に分けた地点に位置するカルディー島には、もっとも古いケルト教会も残っている。驚くべきことに、ブルーストーンとストーンヘンジを結ぶ直線は、エジプトにあるギザのピラミッド群を通過している。実に不思議なことだがこれは事実なのである。

ステーション・ストーンの長方形

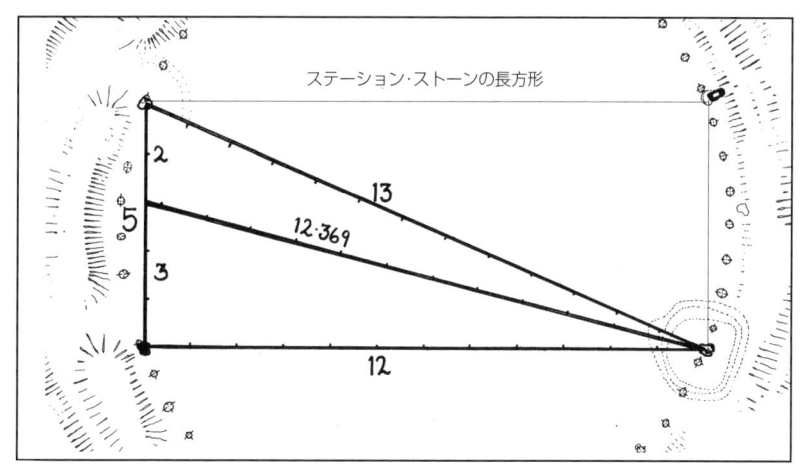

単位は8メガリシック・ヤード

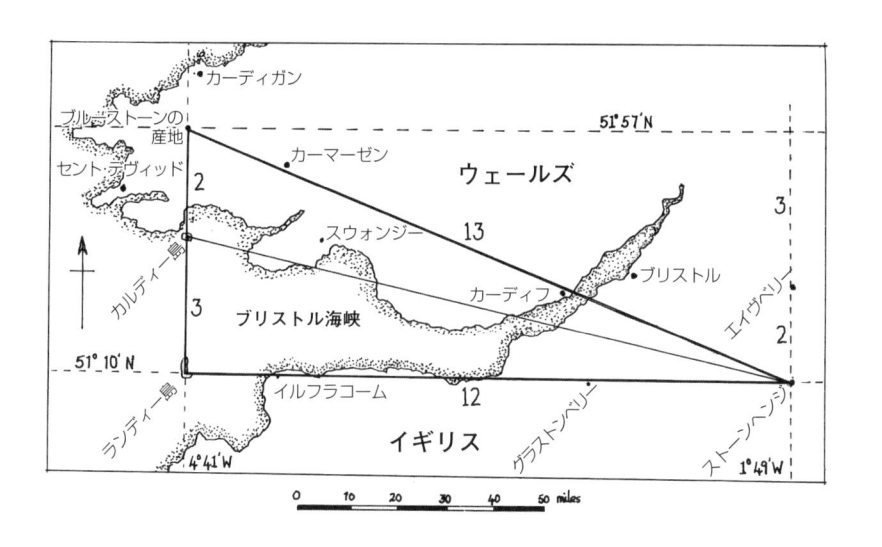

39

食の予知
権力を握る手立て

　天球上における太陽と月の軌道を最も簡単な模型にして示すなら、地球を中心にして、それを囲む円周上に28個の印をつければよい。月に見立てた柱を1日につき一つ、そして太陽に見立てた柱を13日に一つ、それぞれ時計回りとは反対方向にずらせば、黄道をめぐる月と太陽の動きを表すことができる。つまり暦を作ることができるのだ。

　年に2回、およそ34日間で、新月あるいは満月が太陽の見かけの軌道（黄道）を横切り、その結果食が生じる。この二つのイクリプス・シーズン（食期）は互いに173日離れており、太陽の軌道上を時計回りに18.6年かけてまた元の位置に戻る。月と太陽の軌道が交わる二つの点を月の軌道の交点という。

　オーブリー・サークル（右図参照）のように、円周上に28を2倍した56個の印をつければ、月の軌道の交点を具体的に示すことができる。うまいぐあいに、18.6×3もおよそ56になるので、正確な食予知も可能だ。フレッド・ホイル教授は、オーブリー・サークルがこのように使われていたことを解明した最初の天文学者である。満月か新月が右図の「イクリプス・ゾーン」の中にある間に、月か太陽の食が生じると予測される。月食は、日没前の30分以内に月が出ていれば、所定の場所からはっきり見ることができるはずだ。

　ひとつ自分でこの模型を作ってみてはどうだろう。これに太陽と月の軌道の交点を表す2本の柱を加え、時計回りにそれぞれ1年に三つずつ移動させてみるのだ。2本の柱は、2001年10月23日に冬至と夏至の軸と一致している。

41

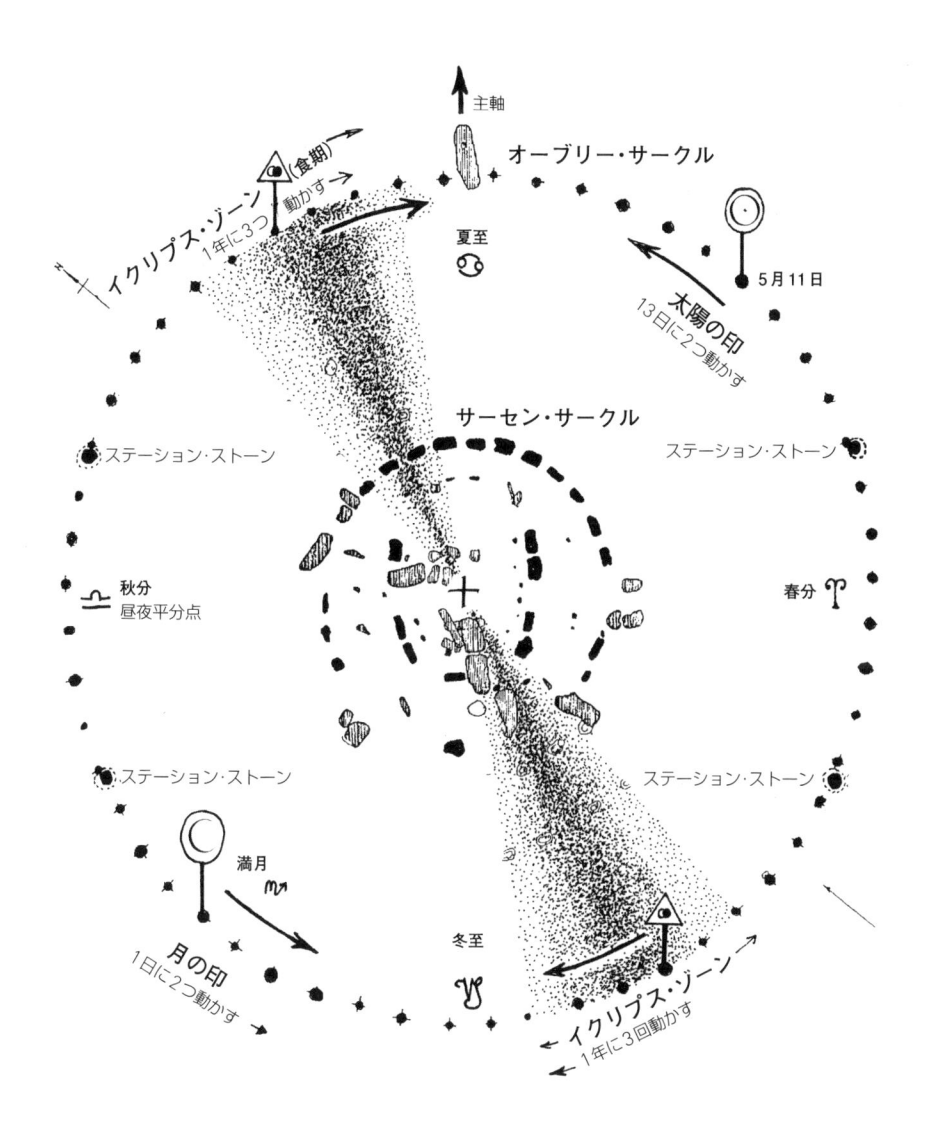

ストーンヘンジの完成

巨石建造物だけではなかった

　ウイリアム・スタックリーによって夏至軸（＝主軸、右頁）が発見されて以来、この建造物には天文学と幾何学の要素がそなわっていることがわかってきた。この夏至軸は、ノーマン・ロッキャー卿によって1901年に正確に測定されている。ところが月の天文学の方は、さらに半世紀先まで見落とされたままであった。その原因として、わたしたちが、巨石文化における月の重要性に気づいていなかったことがあげられる。

　ユアン・マッキー博士やレンフルー卿が提唱したように、当時の部族社会では、あたかも自らの手で満月を消し、太陽を暗くしているように見えた1人の天文学に通じたエリート聖職者が、強大な権力を握っていたと思われる——食予知による支配だ。

　ここを訪れる人々は、そのほとんどが、中央の巨石構造物をストーンヘンジの全容だと思っている。その上を踏み越えているにもかかわらず、コンクリートで埋められたオーブリー穴にはほとんど気づいていない。しかし、ホイルが示したように、これらの穴は数字の上では食を完璧に予知している。そればかりか、この穴を使えば、太陽と月の位置、月の相、潮の満ち干なども予知することができる。ギリシア人は、紀元前400年に、56という数字が食とドラゴンにつながるものであると説いている。食の生起を支配する月の軌道の交点を、いまだにcaput draconis（カプトゥ・ドラコニス）とcauda draconis（カウダ・ドラコンス）、つまりドラゴンの頭としっぽと記載する天文学関係の書物も少なくない。

　遺跡には何の影響もないことなので、この地を訪れる人たちへの手ほどきとして、「ストーンヘンジ暦」を実際に頭の中で動かしてみてはどうだろう。それはどんな手順になるだろうか——おそろしく時間のかかる仕事になりそうだ！

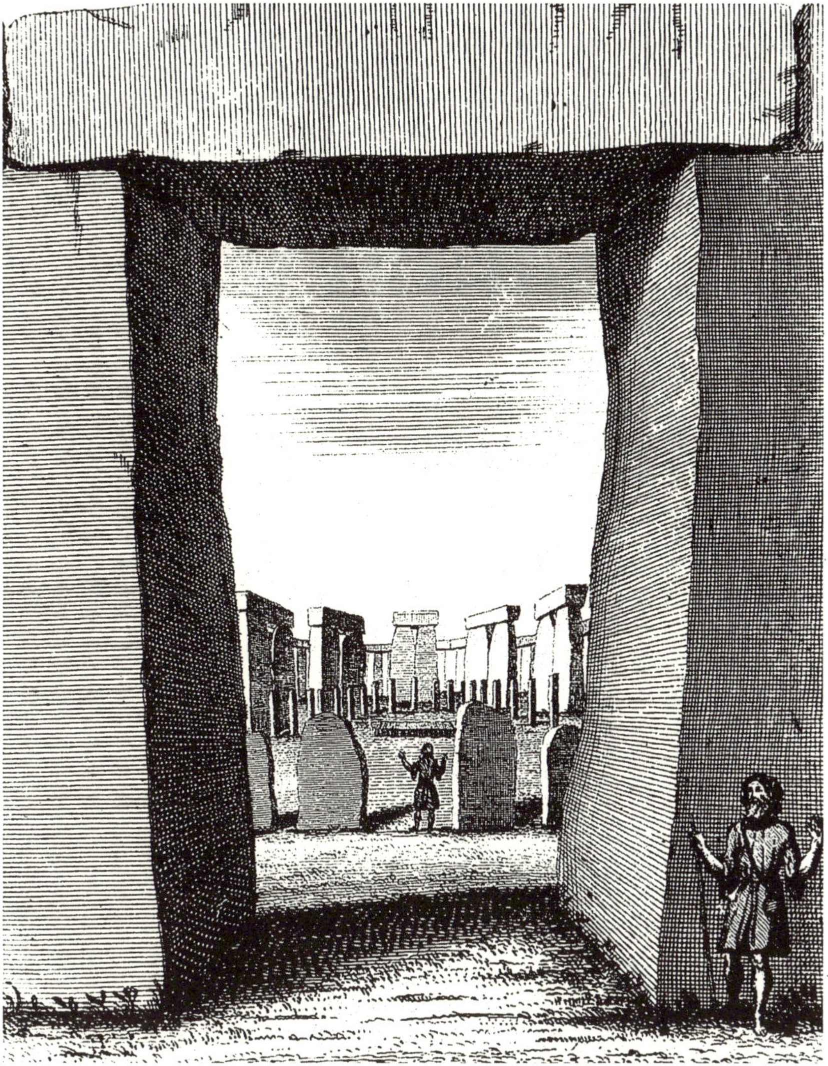

転がる石
巨石を運ぶ技術

　50トンにも及ぶ巨大なサーセン石は、エイヴベリー（52頁参照）に隣接するファイフィールド・ダウンから32キロもの距離を運ばれてきたものだった。近年行われた運搬実験が、それがどれほど大変なことであるかを示している。また、H.H.トマス博士によって、5トンほどのブルーストーンが、ストーンヘンジからおよそ217キロ離れたプレセリー山地、現在のペンブロックシャーから運ばれてきたということが、1923年に証明されている。しかし、どのようにして運ばれてきたかについてはいまだに推測の域を出ない。最近行われた運搬実験は全くの失敗に終わっている。不測の事態が重なり、ブルーストーンがミルフォード港に沈んでしまったのである。

　これらの石が、氷河に押し出されてストーンヘンジまで運ばれてきたと考える人たちもいる。しかし、中心にある大きな祭壇石（右図上）は、ミルフォード・ヘブンに隣接する地域でみられる緑色に輝く雲母砂岩であり、氷河作用は受けていない。したがって、これらの石は、ミルフォード・ヘヴンまで引かれてゆき、いかだなどに載せられ、ブリストル・エイヴォンからストーンヘンジに運ばれたか、あるいはデボン州とコーンウォール州の海岸線を回って、ハンプシャー・エイヴォンの河口にある、先史時代に栄えたヘンジスベリーの港へ運ばれてきたと考えるのが妥当であろう（右図下）。ブルーストーンの運搬が、このプロジェクトの中できわめて重要なものであったことがうかがえる。

　ブルーストーンとサーセン石が採石された場所の緯度を測ってみると、それぞれ364の7分の1（52度）と360の7分の1（51.42度）であった。この364と360は、太古のカレンダーの1年、それぞれ13か月と12か月と一致している。このことから、7の倍数を用いた幾何学が、オーブリー・サークルとサーセン石を結びつけていることが分かる（49頁参照）。

祭壇石

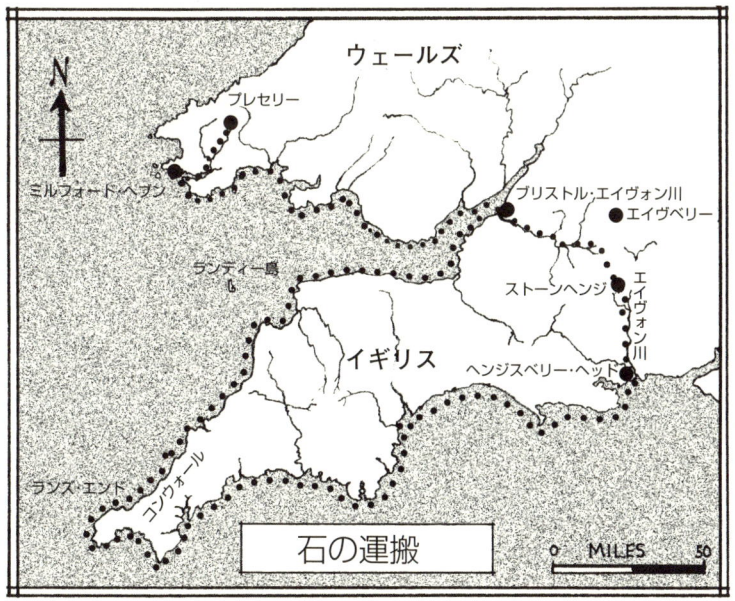

石の運搬

ヘンジの中央部
中央の石

　世界で最も人気のある巨石建造物の中を歩いてみたいという思いから、ストーンヘンジには毎年100万にも上る人々が訪れるといわれている。しかし、そのためにこの巨石遺跡が受ける影響は年々増大している。今日、ストーンヘンジの中心部分に足を踏み入れるためには、かなり前から、管理者であるイングリッシュ・ヘリテッジ財団に対して「入場許可」の申請をしておかなければならない。

　右頁に示された、サーセン・サークルに囲まれている中央部分の平面図は、1895年に、エドガー・バークレーによって書かれた『ストーンヘンジとその土木工事』から転載したものである。倒壊していたトリリトン（石57、58とリンテル158）が、1958年に再建されたことを除けば、この平面図は、現在わたし達が実際に目にすることのできるストーンヘンジに非常に近いものである。三つの同心円が、それぞれブルーストーンの馬蹄形、ブルーストーン・サークル、そしてサーセン・サークルを表している。

　バークレーが石につけた番号は、現在でも標準的なものとして使われている。中でも目を引くのは、幅が半分しかない石11のサーセン石の直立石や、ほぞ穴がうがたれた石150のブルーストーン、そして溝跡のある石68のブルーストーン（19頁参照）などである。

　不思議なことに、トリリトンのリンテル（石156）にはその両端にほぞ穴がある。建設者たちの手ちがいだったのではないかと考えられているが、リンテルの上に何かが乗せられていたということはないだろうか。もしかしたら、天文学を学ぶ聖職者たちの卵を、夜露から守るために屋根がつけられていたのかもしれない。

北

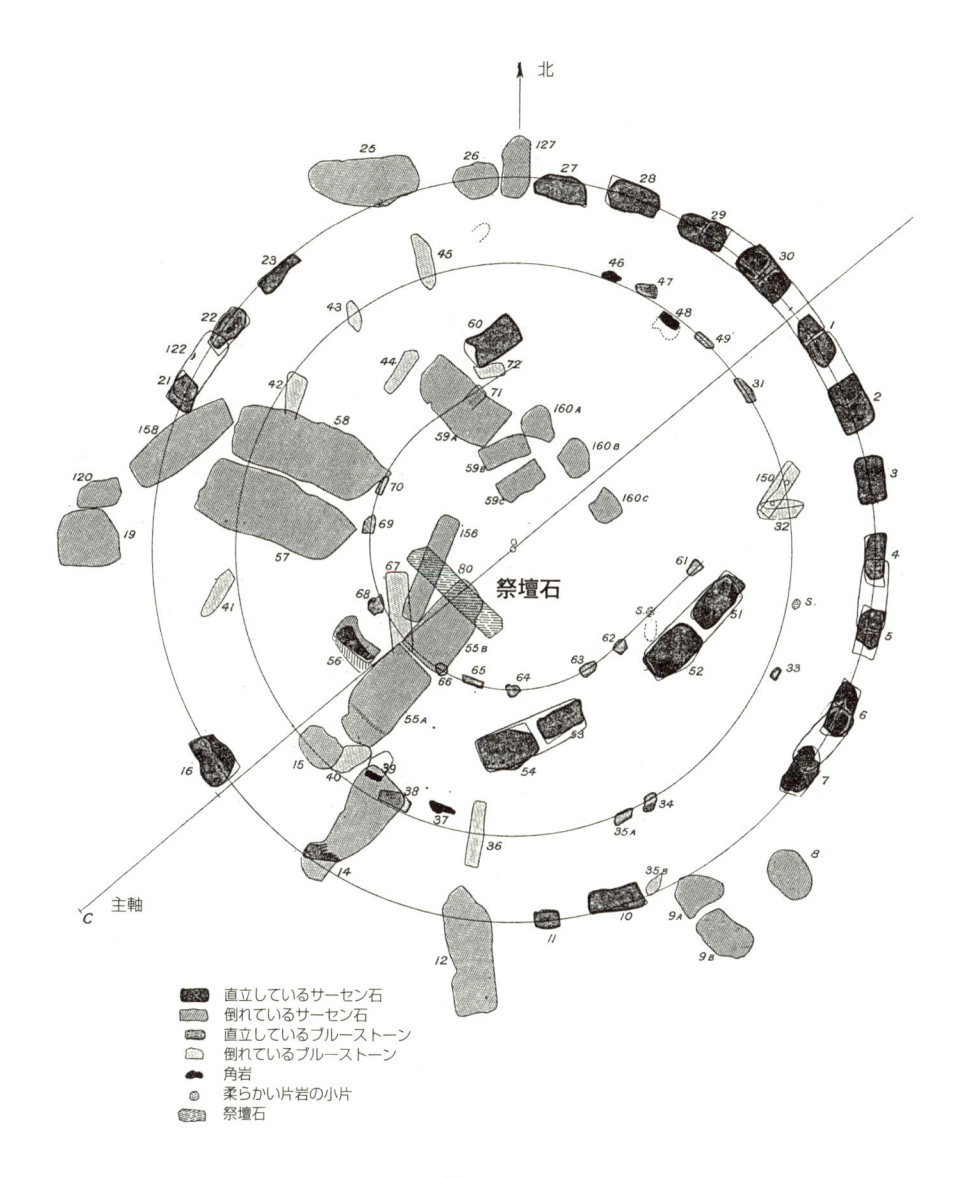

主軸

祭壇石

- 直立しているサーセン石
- 倒れているサーセン石
- 直立しているブルーストーン
- 倒れているブルーストーン
- 角岩
- 柔らかい片岩の小片
- 祭壇石

神聖幾何学
神殿の作り方

　ストーンヘンジの設計者たちは、この巨石遺跡の建造場所に天文学的な機能を持たせるために幾何学を研究していた。長さを表す一定の単位を繰り返し使ったことや、整数で表されるピタゴラスの三角形に対する関心の高さからも、この建造物が、幾何学的な意図を持って設計されたことがうかがえる。

　ストーンヘンジで使われている幾何学の基本は、巧みに組み合された7と8である。オーブリー穴の上に八つごとに印をつけ、右図のようにつなげると、平均径31メートル、つまり37.1メガリシックヤード（3×12.368MY）のサーセン・サークルの輪郭を正確に描く七角星が現れる。さらに、ヒール・ストーンから吊り下げられた格好の八角星が、オーブリー・サークルの輪郭と、ステーション・ストーンの位置をきわめて正確に示している。八角星を囲む円の半径は96メガリシック・ヤード（80メートル）。ステーション・ストーンが形成する長方形の長辺と同じに長さになっている。

　オーブリー・サークルとステーション・ストーンは7と8の結びつきを証明するものである。7と8をかけると56。オーブリー・サークルの穴の数になる。56は暦と食を理解する上で鍵となる数字だ。もし、ストーンヘンジが地球を表し、その主軸が地軸を表すとしたら、ステーション・ストーンの長方形は北回帰線と南回帰線を表すことになるだろう。

　はたしてストーンヘンジの建設者たちは、神殿に組み込まれている幾何学上の比率や天文学、そして繰り返し使われた長さのことを本当に知っていたのだろうか。でも、そうでなければどうやってこのようなものを作ることができただろう。この神殿には彼らの知恵が詰まっている。

ヒール・ストーン

ステーション・ストーン

ステーション・ストーン

オーブリー・サークル

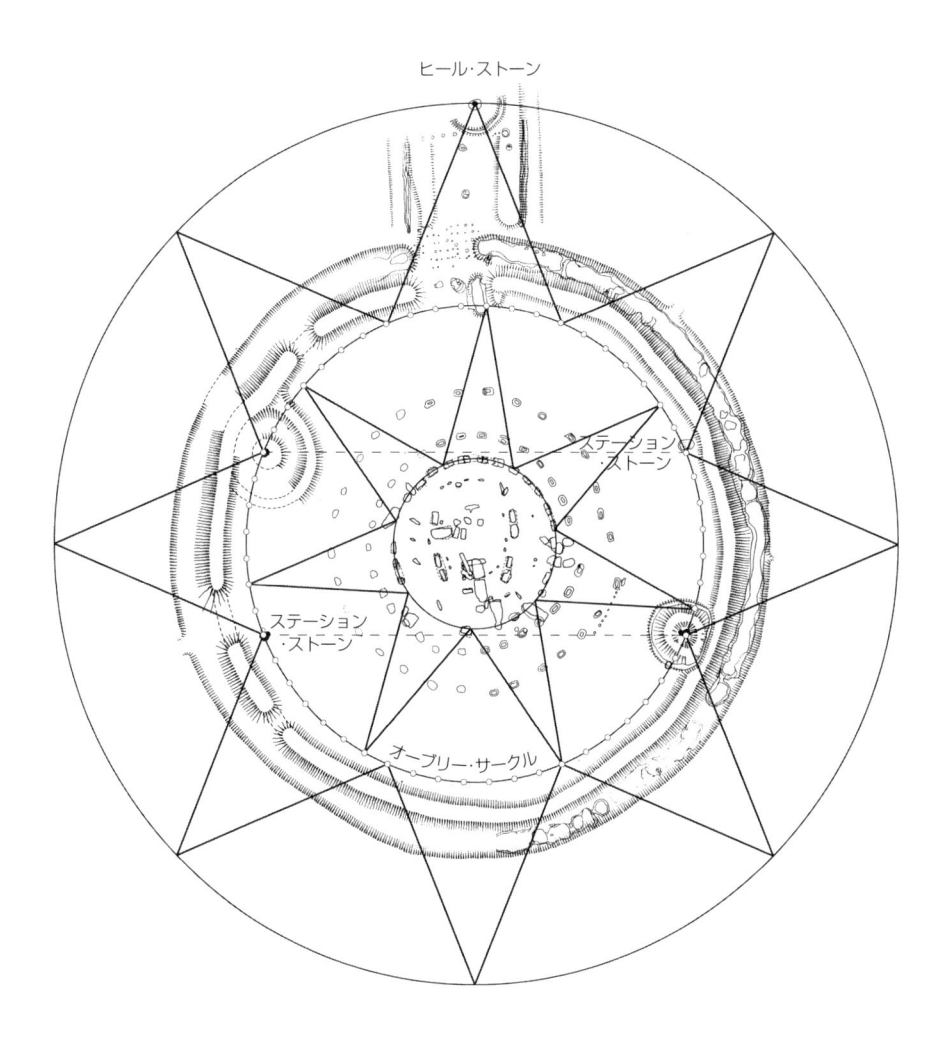

サークルの調査
3世紀にわたる調査と研究

　イニゴ・ジョーンズが、五つのトリリトンからなる馬蹄形を六角形のサーセン・サークルだったと結論づけて以来（1665年、宮廷おかかえの建築家イニゴ・ジョーンズはトリリトンが六つあったと誤って考えた――右図上の左）、多くの人々が、ストーンヘンジを、特にその中心部分を調査し研究してきた。右頁に示されたどのデザインからも、製作者たちの研究の成果がうかがえる。

　ジョン・ミッチェルは月と地球を使い（右図の下中央）、中央の聖域にある二つのサークルを明確に示している。大きさの比が3：11である月と地球を図のように配置すると、地球を囲む正方形と、月の中心を通る円周は等しくなる。さらに、ミッチェルは三角形を使い、サーセン・サークル内のブルーストーン・サークルと、ブルーストーンの馬蹄形をも正確に示している。

　ジョン・マルティノーは、サーセン・サークル内に八角星を描き（右図の下右）、ブルーストーンの馬蹄形とサーセン石の馬蹄形の幅をみごとに示している。前の頁で紹介したように、マルティノーはこの遺跡のほかの部分においても八角星を使った解読を試みている。

　わたしたちはストーンヘンジをとことん調べて、どんな些細なことでも見逃がさない。たとえば、夏至軸をはさんで立っているサーセン石の直立石（43頁）は、その間隔がほかの直立石よりも30センチ長いというようなことまで。幅が半分のサーセン石の直立石、正確な測量技術と幾何学の使用、そしてリンテルが作り出すみごとに水平な円環などが、6度目の千年紀を迎えた遺跡の作り手たち、すなわち、高度に文明化した人々の存在をはっきりと証明している。証拠ならまだいくらでもある。ストーンヘンジは彼らの宇宙観をあらわした神殿であった。太古の石の間には、まだたくさんの秘密が隠されていそうだ。

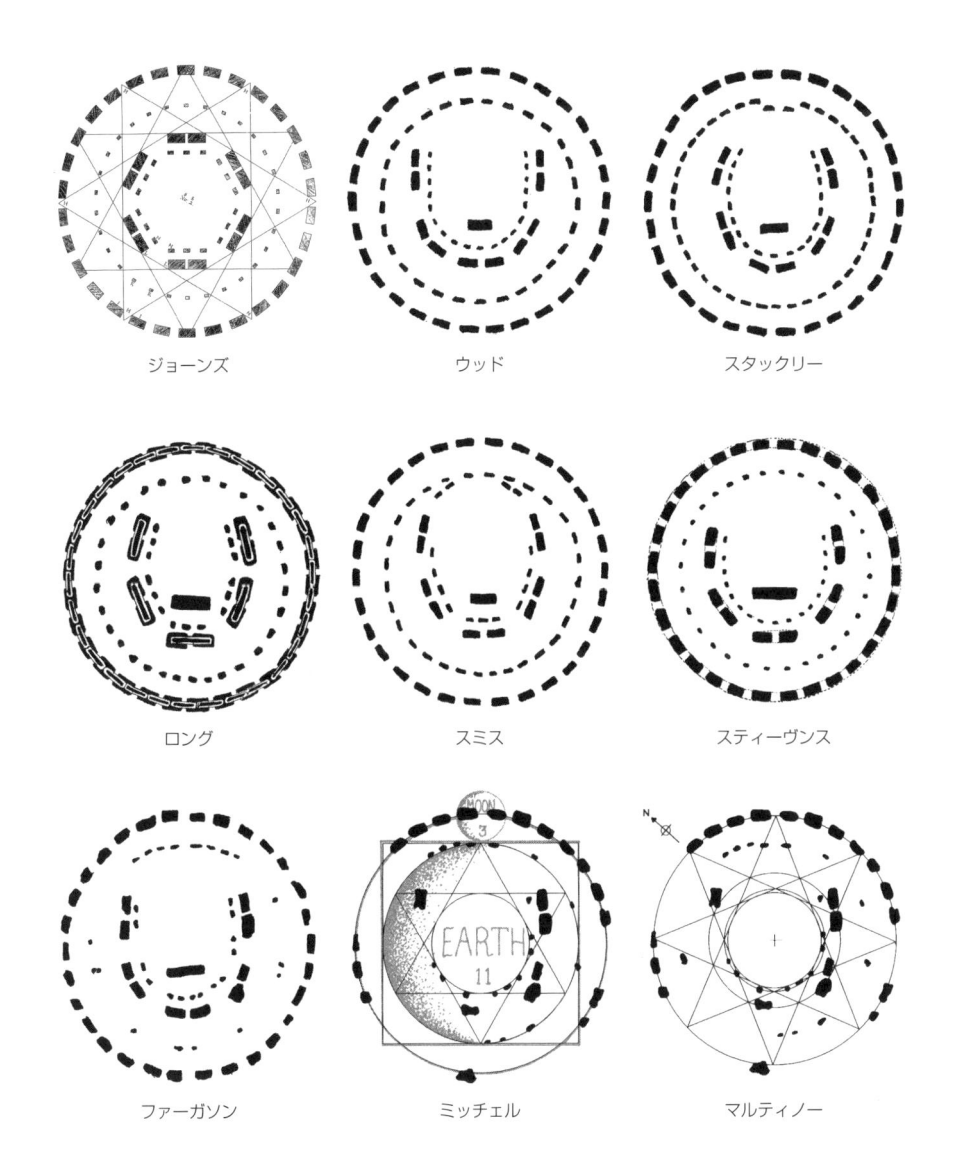

ジョーンズ	ウッド	スタックリー
ロング	スミス	スティーヴンス
ファーガソン	ミッチェル	マルティノー

ストーンヘンジなんてちっぽけなもの
世界最大のストーン・サークル、エイヴベリー

　ストーンヘンジの真北27キロにあるエイヴベリーの巨大なストーン・サークルは、周囲が1.1キロもあり、最大で60トンのサーセン石が使われていた。ここはストーンヘンジで使用されていたサーセン石の産地で、かつては新石器時代の遺跡が集中して巨大な複合遺跡を作っていたが、今では見る影もない。エイヴベリーの環状遺跡の中心は、北緯360/7度(51.42度)に正確に位置していた。下の絵はスタックリーの有名な版画『大蛇』(1743年)である。

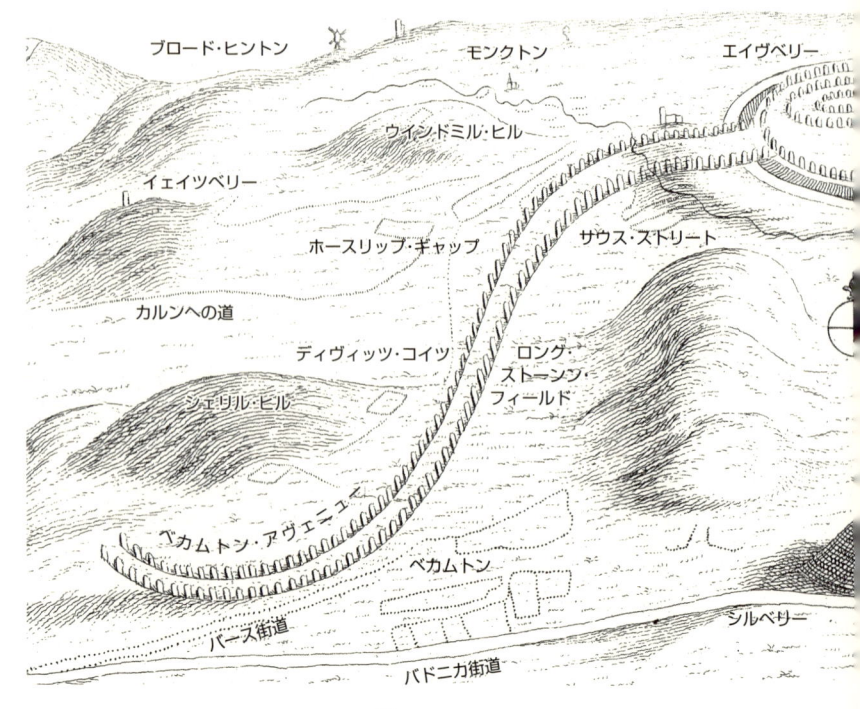

エイヴベリーの外側の大きなストーン・サークルは99個の石からなり、サークルからは石で縁取られた長い通路が2本伸びていた。今でもこのあたりからは、ヨーロッパ最大の人工塚シルベリー・ヒル、ロング・バローズ（埋葬墓、55頁）など新石器時代の景観を望むことができる。

エイヴベリーもまた、ストーンヘンジのように、カレンダーとして使われていた可能性がある。99を月期の数だとすると8太陽年に等しく、金星の会合周期の5回分にも近い。内側にある二つのサークルは、どちらも直径が104メートルとストーンヘンジよりも大きい。当時、サークルにはそれぞれ27個と29個、合わせて56個の石が並んでいた。これは恒星月の27.3と朔望月の29.5という月の持つ二つの周期を暗示している。

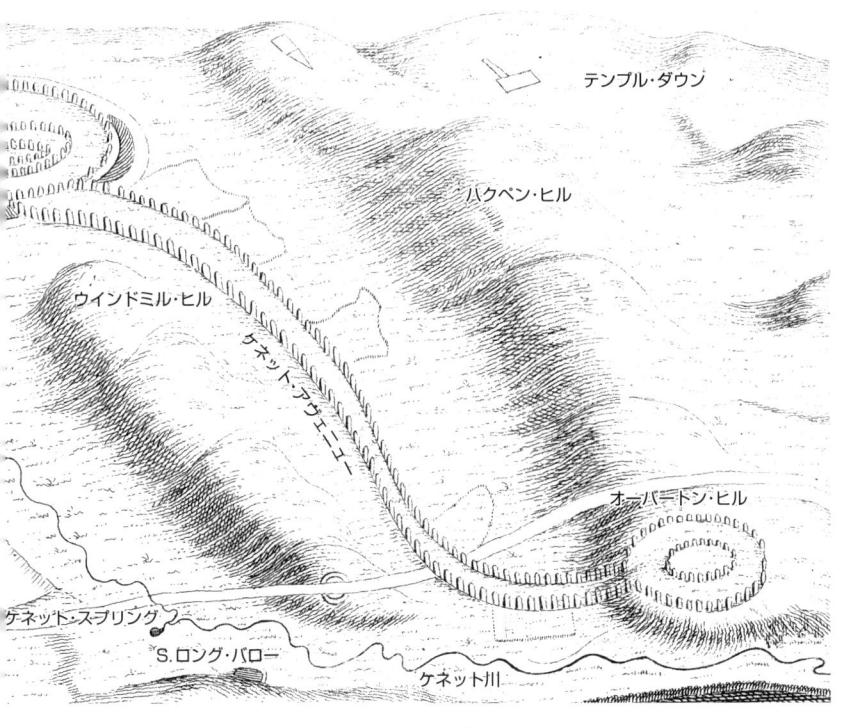

星の文化

夜空へのあくなき探求

　ストーンヘンジよりも前に、つまり新石器時代が始まるよりも前に、イギリス南部に住んでいた人々は、複数の墓室からなる長い埋葬墓——ロング・バローズを作っていた。たとえば、グロスターシャーにあるベラス・ナップ、ストーンヘンジに近いウィンターボーン・ストーク、エイヴベリーのウエスト・ケネットなどがこれに含まれる。巨人の寝袋のような形をしたこの不可解な構造物は、重要だと信じられていた星の出と入りに関連づけてつくられていた。下に示した星座図(トームによる)は、紀元前2000年に、西の地平線上に見ることができた主要な恒星の位置を表している。

　きまった地点から観測すれば、星は何百年間も同じ場所から昇り同じ場所に沈んでいく。太陽と月の軌道がまだ完全には理解できていなかった時代の人々は、地平線上に見られるこれらの恒星の位置を道標にしていたのだろう。イギリスを航空写真で見ると、数十キロも続くまっすぐな道の名残を見つけることがある。こういった道はローマ以前に造られたもので、古代の星の出と入りに沿っていることが多い。ストーンヘンジよりも前の時代のイギリスの人々は、星を空の神として崇めていたのかもしれない。といっても、わたしたちには先史時代のイギリスの姿を垣間見ることすらできないのだが。

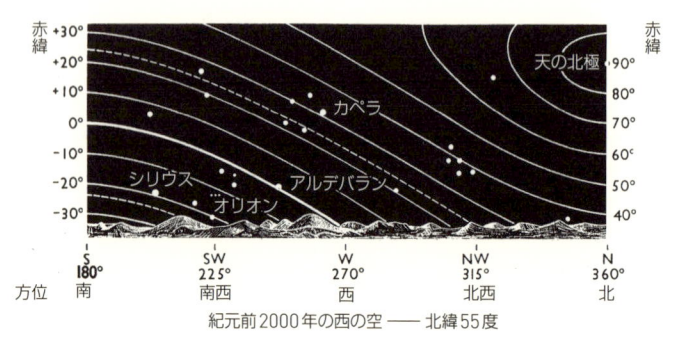

紀元前2000年の西の空 —— 北緯55度

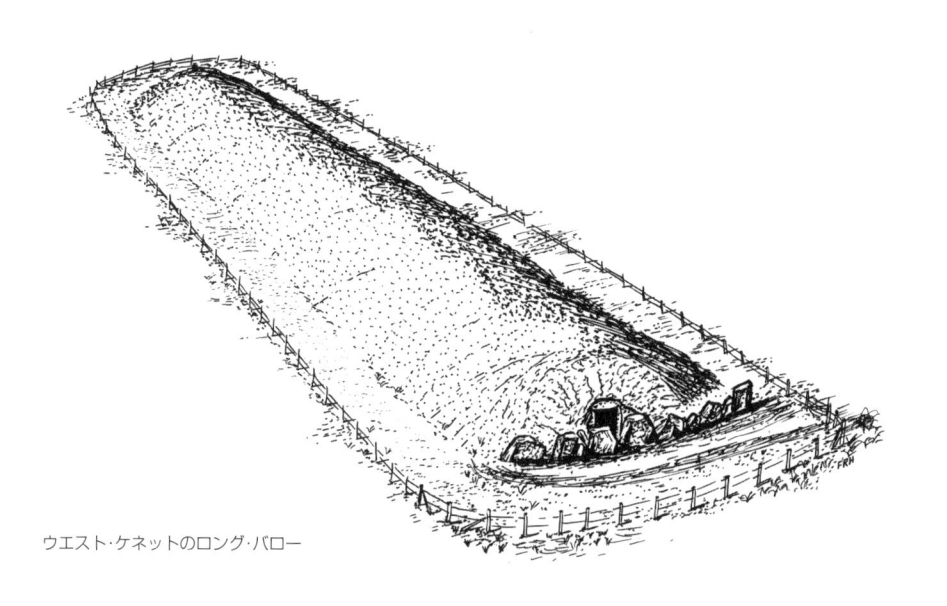

ウエスト・ケネットのロング・バロー

アヴェニューからストーンヘンジをのぞむ

創造的な刺激を与えるストーンヘンジ
不思議と驚きの源

　わたしたちにはストーンヘンジの謎を解くことはできないかもしれない。しかし、ストーンヘンジはわたしたちにインスピレーションを与えてくれる。この巨石建造物は人間の小ささを嘲笑いながら、人間の能力を称賛してもいるのだ。わたしたちは自分たちの文化の方が優れていると思い込んでいるが、巨石たちは現代人が忘れてしまったものを指し示しながら、そんな傲慢さを嘲笑う。ドレイトンの詩『ポリアルビオン』の中に次のような一節がある。謙虚な気持ちで味わおう。

　「かの強靭な男たちが、自らの物語を汝に託したのは誤りであった
汝は、自らの栄光のために汝を築き上げた人々の名前を忘れてしまった」
さらにアメリカの作家ヘンリー・ジェイムズも、ストーンヘンジについて次のような言葉を残している。

　「ストーンヘンジには人の心を癒す何かがある。人の一生など一瞬の事柄にすぎず、人間もいずれはこの世から姿を消していくのだと考えたときに、太古の灰色の石柱が、時の向こうにあるとてつもなく大きな何かをわたしたちに気づかせてくれるだろう」

　ジェイムズの言う「太古の灰色の石柱」が黒いインクだとしたら、そのインクにペン先を浸した詩人や作家は数多い。ストーンヘンジもまた、才能ある多くの芸術家たちにインスピレーションを与えてきた——通俗的な芸術家はもとより、画家コンスタブルやターナー、詩人ブレイク、あるいは彫刻家ヘンリー・ムーアなどが、巨石を題材にした作品を残している。アーサー C. クラークの映画「2001年宇宙の旅」に出てくる黒いモノリスのように、ストーンヘンジもわたしたちに何かを、とりわけ人間生活がもつ本来のリズムや、太陽と月の周期といった、現代人がほとんど忘れてしまったものを思い出させようとしているのかもしれない。わたしたちは、ストーンヘンジに眠っている忘れ去られた過去からの遺産を、すみやかに目覚めさせなければならない。

「冬至は昨日だったのか」

著者 ● ロビン・ヒース
天文学者・数学者。現在ウェールズ大学名誉研究員、元ウェールズ大学上級講師。"Sun, Moon, & Earth" "Stone Circles: A Beginner's Guide" など、ストーンヘンジ、巨石文化、天文に関する著作多数。

訳者 ● 桃山 まや（ももやま まや）
英文訳者。

ストーンヘンジ 巨石文明の謎を解く

2009年11月10日第1版第1刷発行

著 者	ロビン・ヒース
訳 者	桃山 まや
発行者	矢部 敬一
発行所	株式会社 創元社
	http://sogensha.co.jp/

本　社　〒541-0047 大阪市中央区淡路町4-3-6
　　　　Tel.06-6231-9010 Fax.06-6233-3111
東京支店
　　　　〒162-0825 東京都新宿区神楽坂4-3 煉瓦塔ビル
　　　　Tel.03-3269-1051

印刷所　図書印刷株式会社
装　丁　WOODEN BOOKS／相馬 光（スタジオピカレスク）

©2009 Printed in Japan
ISBN978-4-422-21474-0 C0322

＜検印廃止＞本書の全部または一部を無断で複写・複製することは禁じます。
落丁・乱丁のときはお取り替えいたします。